Couvertures supérieure et inférieure manquantes

LA

MAISON A VAPEUR

OUVRAGES DU MÊME AUTEUR
VOLUMES IN-18 A 3 FR.

AVENTURES DU CAPITAINE HATTERAS :
- Les Anglais au pôle Nord, 23ᵉ édition.................. 1 vol.
- Le Désert de glace. 24ᵉ édition....................... 1 vol.

LES ENFANTS DU CAPITAINE GRANT :
- L'Amérique du Sud, 19ᵉ édition....................... 1 vol.
- L'Australie, 18ᵉ édition............................ 1 vol.
- L'Océan Pacifique, 18ᵉ édition....................... 1 vol.

Aventures de 3 Russes et de 3 Anglais, 18ᵉ édition......... 1 vol.
De la Terre a la Lune, 24ᵉ édition....................... 1 vol.
Autour de la Lune. 20ᵉ édition.......................... 1 vol.
Cinq Semaines en ballon, 43ᵉ édition..................... 1 vol.
Découverte de la terre, 15ᵉ édit........................ 2 vol.
Les Grands Navigateurs du XVIIIᵉ siècle, 6ᵉ édit......... 2 vol.
Les Voyageurs du XIXᵉ siècle, 4ᵉ édition................. 2 vol.
Une Ville flottante, suivie des Forceurs de Blocus, 16ᵉ édit. 1 vol.
Vingt mille lieues sous les mers, 24ᵉ édition............ 2 vol.
Voyage au centre de la Terre, 28ᵉ édition................ 1 vol.
Le Pays des fourrures, 16ᵉ édition...................... 2 vol.
Le Tour du monde en 80 jours, 55ᵉ édition................ 1 vol.
Le docteur Ox, 19ᵉ édition.............................. 1 vol.
L'Ile mystérieuse, 1ʳᵉ partie. Les Naufragés de l'air, 24ᵉ édition. 1 vol.
— 2ᵉ partie. L'Abandonné, 23ᵉ édition................. 1 vol.
— 3ᵉ partie. Le Secret de l'Ile, 22ᵉ édition.......... 1 vol.
Le Chancellor, 17ᵉ édition.............................. 1 vol.
Michel Strogoff, 22ᵉ édition............................ 2 vol
Les Indes-Noires, 19ᵉ édition........................... 1 vol.
Hector Servadac, 17ᵉ édition............................ 2 vol.
Un Capitaine de quinze ans, 17ᵉ édition................. 2 vol.
Les 500 millions de la Bégum, 16ᵉ édition............... 1 vol.
Les tribulations d'un Chinois en Chine, 16ᵉ édition..... 1 vol.
La Maison a Vapeur, 13ᵉ édition......................... 2 vol.
Un Neveu d'Amérique, comédie. Prix..................... 1 fr. 50

VOLUMES IN-8 ILLUSTRÉS.

Aventures du capitaine Hatteras. Prix : broché............ 9 fr.
{ Cinq Semaines en ballon............................... 5 »
{ Voyage au centre de la Terre.......................... 5 »
   Ces deux ouvrages réunis en un seul volume........ 9 »
{ De la Terre a la Lune................................. 5 »
{ Autour de la Lune.................................... 5 »
   Ces deux ouvrages réunis en un seul volume........ 9 »
{ Une Ville flottante, suivie des Forceurs de blocus... 5 »
{ Aventures de 3 Russes et de 3 Anglais................ 5 »
   Ces deux ouvrages réunis en un seul volume........ 9 »
Vingt mille lieues sous les mers......................... 9 »
Le Pays des fourrures................................... 9 »
{ Le Tour du monde en 80 jours......................... 5 »
{ Le Docteur Ox.. 5 »
   Ces deux ouvrages réunis en un seul volume........ 9 »
Les Enfants du capitaine Grant.......................... 10 »
L'Ile mystérieuse....................................... 10 »
{ Le Chancellor.. 5 »
{ Les Indes-Noires..................................... 5 »
   Ces deux ouvrages réunis en un seul volume........ 9 »
Michel Strogoff... 9 »
Hector Servadac... 9 »
Un Capitaine de quinze ans.............................. 9 »
Découverte de la terre.................................. 7 »
{ Les 500 millions de la Bégum......................... 5 »
{ Les tribulations d'un Chinois........................ 5 »
   Ces deux ouvrages réunis en un seul volume........ 9 »
Les Grands Navigateurs du XVIIIᵉ siècle.................. 7 »
Géographie illustrée de la France, par Jules Verne et Théophile Lavallée.. 10 »

LES VOYAGES EXTRAORDINAIRES

LA MAISON A VAPEUR

VOYAGE

A TRAVERS

L'INDE SEPTENTRIONALE

PAR

JULES VERNE

DEUXIÈME PARTIE

BIBLIOTHÈQUE
D'EDUCATION ET DE RÉCRÉATION
J. HETZEL ET Cie, 18, RUE JACOB
PARIS

Tous droits de traduction et de reproduction réservés.

LA MAISON A VAPEUR

VOYAGE

A TRAVERS L'INDE SEPTENTRIONALE

DEUXIÈME PARTIE

CHAPITRE I

NOTRE SANITARIUM

« Les incommensurables de la création! » cette expression superbe, dont le minéralogiste Haüy s'est servi pour qualifier les Andes américaines, ne serait-elle pas plus juste, si on l'appliquait à l'ensemble de cette chaîne de l'Himalaya, que l'homme est encore impuissant à mesurer avec une précision mathématique?

Tel est le sentiment que j'éprouve à l'aspect de cette région incomparable, au milieu de laquelle le colonel Munro, le capitaine Hod, Banks et moi nous allons séjourner pendant quelques semaines.

« Non seulement ces monts sont incommensurables, nous dit l'ingénieur, mais leur cime doit être regardée comme inaccessible, puisque l'organisme humain ne peut fonctionner à de telles hauteurs, où l'air n'est plus assez dense pour suffire aux besoins de la respiration ! »

Une barrière de roches primitives, granit, gneiss, micaschiste, longue de deux mille cinq cents kilomètres, qui se dresse depuis le soixante-douzième méridien jusqu'au quatre-vingt-quinzième, en couvrant deux présidences, Agra et Calcutta, deux royaumes, le Bouthan et le Népaul; — une chaîne, dont la hauteur moyenne, supérieure d'un tiers à la cime du Mont-Blanc, comprend trois zones distinctes, la première, haute de cinq mille pieds, plus tempérée que la plaine inférieure, donnant une moisson de blé pendant l'hiver, une moisson de riz pendant l'été; la deuxième, de cinq à neuf mille pieds, dont la neige fond au retour du printemps; la troisième, de neuf mille pieds à vingt-cinq mille, couverte d'épaisses glaces, qui, même en la saison chaude, défient les rayons solaires; — à travers cette grandiose tumescence du globe, onze passes, dont quelques-unes trouent la montagne à vingt mille pieds d'altitude, et qui, incessamment menacées par les avalanches, ravinées par les torrents, envahies par les glaciers, ne permettent d'aller de l'Inde au Thibet qu'au prix de difficultés extrêmes; — au-dessus de cette crête, tantôt arrondie en larges coupoles, tantôt rase comme la Table du cap de Bonne-Espérance, sept à huit pics aigus, quelques-uns volcaniques, dominant les sources de la Cogra, de la Djumna et du Gange, le Doukia et le Kinchinjunga, qui s'élèvent au delà de sept mille mètres, le Dhiodounga à huit mille, le Dawaghaliri à huit mille cinq cents, le Tchamoulari à huit mille sept cents, le mont Everest, dressant à neuf mille mètres son pic du haut duquel l'œil d'un observateur parcourrait une périphérie égale à celle de la France entière; — un entassement de montagnes, enfin, que les Alpes sur les Alpes, les Pyrénées sur les Andes, ne dépasseraient pas dans l'échelle des hauteurs terrestres, tel est ce soulèvement colossal, dont le pied des plus hardis ascensionnistes ne foulera peut-être jamais les dernières cimes, et qui s'appelle les monts Himalaya!

Les premiers gradins de ces propylées gigantesques sont largement et fortement boisés. On y trouve encore divers représentants de cette riche famille des palmiers, qui, dans une zone supérieure, vont céder la place aux vastes forêts de chênes, de cyprès et de pins, aux opulents massifs de bambous et de plantes herbacées.

Banks, qui nous donne ces détails, nous apprend aussi que, si la ligne inférieure des neiges descend à quatre mille mètres sur le versant indou de la chaîne, elle se relève à six mille sur le versant thibétain. Cela tient à ce que les vapeurs, amenées par les vents du sud, sont arrêtées par l'énorme barrière. C'est pourquoi, sur l'autre côté, des villages ont pu s'établir jusqu'à une altitude de quinze mille pieds, au milieu de champs d'orge et de prairies magnifiques. A en croire les indigènes, il suffit d'une nuit pour qu'une moisson d'herbe tapisse ces pâturages !

Dans la zone moyenne, paons, perdrix, faisans, outardes, cailles, représentent la gent ailée. Les chèvres y abondent, les moutons y foisonnent. Sur la haute zone, on ne rencontre plus que le sanglier, le chamois, le chat sauvage, et l'aigle est seul à planer au-dessus de rares végétaux, qui ne sont plus que les humbles échantillons d'une flore arctique.

Mais ce n'était pas là de quoi tenter le capitaine Hod. Pourquoi ce Nemrod serait-il venu dans la région himalayenne, s'il ne s'était agi que de continuer son métier de chasseur au gibier domestique ? Très heureusement pour lui, les grands carnassiers, dignes de son Enfield et de ses balles explosives, ne devaient pas faire défaut.

En effet, au pied des premières rampes de la chaîne, s'étend une zone inférieure, que les Indous appellent la ceinture du Tarryani. C'est une longue plaine déclive, large de sept à huit kilomètres, humide, chaude, à végétation sombre, couverte de forêts épaisses, dans lesquelles les fauves cherchent volontiers refuge. Cet Eden du chasseur qui aime les fortes émotions de la lutte, notre campement ne le dominait que de quinze cents mètres. Il était donc facile de redescendre sur ce terrain réservé, qui se gardait tout seul.

Ainsi, il était probable que le capitaine Hod visiterait les gradins inférieurs de l'Himalaya plus volontiers que les zones supérieures. Là, pourtant, même après le plus humoriste des voyageurs, Victor Jacquemont, il reste encore à faire d'importantes découvertes géographiques.

« On ne connaît donc que très imparfaitement cette énorme chaîne? demandai-je à Banks.

— Très imparfaitement, répondit l'ingénieur. L'Himalaya, c'est comme une sorte de petite planète, qui s'est collée à notre globe, et qui garde ses secrets.

— On l'a parcourue, cependant, répondis-je, on l'a fouillée autant que cela a été possible!

— Oh! les voyageurs himalayens n'ont pas manqué! répondit Banks. Les frères Gérard de Webb, les officiers Kirpatrik et Fraser, Hogdson, Herbert, Lloyd, Hooker, Cunningham, Strabing, Skinner, Johnson, Moorcroft, Thomson Griffith, Vigne, Hügel, les missionnaires Huc et Gabet, et plus récemment les frères Schlagintweit, le colonel Wangh, les lieutenants Reuillier et Montgomery, à la suite de travaux considérables, ont fait connaître dans une large mesure la disposition orographique de ce soulèvement. Néanmoins, mes amis, bien des desiderata restent à réaliser. La hauteur exacte des principaux pics a donné lieu à des rectifications sans nombre. Ainsi, autrefois, le Dwalaghiri était le roi de toute la chaîne; puis, après de nouvelles mesures, il a dû céder la place au Kintchindjinga, qui paraît être détrôné maintenant par le mont Everest. Jusqu'ici, ce dernier l'emporte sur tous ses rivaux. Cependant, au dire des Chinois, le Kouin-Lun, — auquel, il est vrai, les méthodes précises des géomètres européens n'ont pas encore été appliquées, — dépasserait quelque peu le mont Everest, et ce ne serait plus dans l'Himalaya qu'il faudrait chercher le point le plus élevé de notre globe. Mais, en réalité, ces mesures ne pourront être considérées comme mathématiques que le jour où on les aura obtenues barométriquement, et avec toutes les précautions que comporte cette détermination directe. Et comment les obtenir, sans emporter un baromètre à la pointe extrême de ces pics presque inaccessibles? Or, c'est ce qui n'a encore pu être fait.

— Cela se fera, répondit le capitaine Hod, comme se feront, un jour, les voyages au pôle sud et au pôle nord!

— Évidemment!

— Le voyage jusque dans les dernières profondeurs de l'Océan!

— Sans aucun doute!

— Le voyage au centre de la terre!

— Bravo, Hod!

— Comme tout se fera! ajoutai-je.

— Même un voyage dans chacune des planètes du monde solaire! répondit le capitaine Hod, que rien n'arrêtait plus.

— Non, capitaine, répondis-je. L'homme, simple habitant de la terre, ne saurait en franchir les bornes! Mais s'il est rivé à son écorce, il peut en pénétrer tous les secrets.

— Il le peut, il le doit! reprit Banks. Tout ce qui est dans la limite du possible doit être et sera accompli. Puis, lorsque l'homme n'aura plus rien à connaître du globe qu'il habite...

— Il disparaîtra avec le sphéroïde qui n'aura plus de mystères pour lui, répondit le capitaine Hod.

— Non pas! reprit Banks. Il en jouira en maître, alors, et il en tirera un meilleur parti. Mais, ami Hod, puisque nous sommes dans la contrée himalayenne, je vais vous indiquer à faire, entre autres, une curieuse découverte qui vous intéressera certainement.

— De quoi s'agit-il, Banks?

— Dans le récit de ses voyages, le missionnaire Huc parle d'un arbre singulier, que l'on appelle au Thibet « l'arbre aux dix mille images ». Suivant la légende indoue, Tong Kabac, le réformateur de la religion bouddhiste, aurait été changé en arbre, quelque mille ans après que la même aventure fut arrivée à Philémon, à Baucis, à Daphné, ces curieux êtres végétaux de la flore mythologique. La chevelure de Tong Kabac serait devenue le feuillage de cet arbre sacré, et, sur ces feuilles, le missionnaire affirme avoir vu, — de ses yeux vu, — des caractères thibétains, distinctement formés par les traits de leurs nervures.

— Un arbre qui produit des feuilles imprimées! m'écriai-je.

— Et sur lesquelles on lit des sentences de la plus pure morale, répondit l'ingénieur.

— Cela vaut la peine d'être vérifié, dis-je en riant.

— Vérifiez-le donc, mes amis, répondit Banks. S'il existe de ces arbres dans la partie méridionale du Thibet, il doit s'en trouver aussi dans la zone supérieure, sur le versant sud de l'Himalaya. Donc, pendant vos excursions, cherchez ce... comment dirai-je?... ce « sentencier »...

— Ma foi non! répondit le capitaine Hod. Je suis ici pour chasser, et je n'ai rien à gagner au métier d'ascensionniste!

— Bon, ami Hod! reprit Banks. Un audacieux grimpeur tel que vous fera bien quelque ascension dans la chaîne?

— Jamais! s'écria le capitaine.

— Pourquoi donc?

— J'ai renoncé aux ascensions!

— Et depuis quand?...

— Depuis le jour où, après y avoir vingt fois risqué ma vie, répondit le capitaine Hod, je suis parvenu à atteindre le sommet du Vrigel, dans le royaume de Bouthan. On affirmait que jamais être humain n'avait foulé du pied la cime de ce pic! J'y mettais donc quelque amour-propre! Enfin, après mille dangers, j'arrive au faîte, et que vois-je? ces mots gravés sur une roche : « Durand, dentiste, 14, rue Caumartin, Paris! » Depuis lors, je ne grimpe plus! »...

Brave capitaine ! Il faut pourtant avouer qu'en nous racontant cette déconvenue, Hod faisait une si plaisante grimace, qu'il était impossible de ne pas rire de bon cœur !

J'ai parlé plusieurs fois des « sanitariums » de la péninsule. Ces stations, situées dans la montagne, sont très fréquentées, pendant l'été, par les rentiers, les fonctionnaires, les négociants de l'Inde, que dévore l'ardente canicule de la plaine.

Au premier rang, il faut nommer Simla, située sur le trente et unième parallèle et à l'ouest du soixante-quinzième méridien. C'est un petit coin de la Suisse, avec ses torrents, ses ruisseaux, ses chalets agréablement disposés sous l'ombrage des cèdres et des pins, à deux mille mètres au-dessus du niveau de la mer.

Après Simla, je citerai Dorjiling, aux maisons blanches, que domine le Kinchinjinga, à cinq cents kilomètres au nord de Calcutta, et à deux mille trois cent mètres d'altitude, près du quatre-vingt-sixième degré de longitude et du vingt-septième degré de latitude, — une situation ravissante dans le plus beau pays du monde.

D'autres sanitariums se sont aussi fondés en divers points de la chaîne himalayenne.

Et maintenant, à ces stations fraîches et saines,

que rend indispensables ce brûlant climat de l'Inde, il convient d'ajouter notre Steam-House. Mais celle-là nous appartient. Elle offre tout le confort des plus luxueuses habitations de la péninsule. Nous y trouverons, dans une zone heureuse, avec les exigences de la vie moderne, un calme que l'on chercherait vainement à Simla ou à Dorjiling, où les Anglo-Indiens abondent.

L'emplacement a été judicieusement choisi. La route, qui dessert la portion inférieure de la montagne, se bifurque à cette hauteur pour relier quelques bourgades éparses dans l'est et dans l'ouest. Le plus rapproché de ces villages est à cinq milles de Steam-House. Il est occupé par une race hospitalière de montagnards, éleveurs de chèvres et de moutons, cultivateurs de riches champs de blé et d'orge.

Grâce au concours de notre personnel, sous la direction de Banks, il n'a fallu que quelques heures pour organiser un campement, dans lequel nous devons séjourner pendant six ou sept semaines.

Un des contreforts, détaché de ces capricieux chaînons qui contreboutent l'énorme charpente de l'Himalaya, nous a offert un plateau doucement ondulé, long d'un mille environ sur un demi-mille de largeur. Le tapis de verdure qui le recouvre est une épaisse moquette d'une herbe courte, serrée, plucheuse, pourrait-on dire, et pointillée d'un semis de violettes. Des touffes de rhododendrons arborescents, grands comme de petits chênes, des corbeilles naturelles de camélias, y forment une centaine de houppes d'un effet charmant. La nature n'a pas eu besoin des ouvriers d'Ispahan ou de Smyrne pour fabriquer ce tapis de haute laine végétale. Quelques milliers de graines, apportées par le vent du midi sur ce terrain fécond, un peu d'eau, un peu de soleil, ont suffi à faire ce tissu moelleux et inusable.

Une douzaine de groupes d'arbres magnifiques se développent sur ce plateau. On dirait qu'ils se sont détachés, comme des irréguliers, de l'immense forêt qui hérisse les flancs du contrefort, en remontant sur les chaînons voisins, à une hauteur de six cents mètres. Cèdres, chênes, pendanus à longues feuilles, hêtres, érables, se mêlent aux bananiers, aux bambous, aux magnolias, aux caroubiers, aux figuiers du Japon. Quelques-uns de ces géants étendent leurs dernières branches à plus de cent pieds au-dessus du sol. Ils semblent avoir été disposés en cet endroit pour ombrager quelque habitation forestière. Steam-House, venue à point, a complété le paysage. Les toits arrondis de ses deux pagodes se marient heureusement à toute cette ramure variée, branches raides ou flexibles, feuilles petites et frêles comme des ailes de papillons, larges et longues comme des pagaies polynésiennes. Le train des voitures a disparu sous un massif de verdure et de fleurs. Rien ne décèle la maison mobile, et il n'y a plus là qu'une habitation sédentaire, fixée au sol, faite pour n'en plus bouger.

En arrière, un torrent, dont on peut suivre le lacet argenté jusqu'à plusieurs mille pieds de hauteur, coule à droite du tableau sur le flanc du contrefort, et se précipite dans un bassin naturel qu'ombrage un bouquet de beaux arbres.

De ce bassin, le trop-plein s'échappe en ruisseau, court à travers la prairie, et finit en une cascade bruyante, qui tombe dans un gouffre dont la profondeur échappe au regard.

Voici comment Steam-House a été disposée pour la plus grande commodité de la vie commune et le plus parfait agrément des yeux.

Si l'on se porte à la crête antérieure du plateau, on le voit dominer d'autres croupes moins importantes du soubassement de l'Himalaya, qui descendent en gigantesques gradins jusqu'à la plaine. Le recul est suffisant pour permettre au regard de l'embrasser dans tout son ensemble.

A droite, la première maison de Steam-House est

placée obliquement, de telle sorte que la vue de l'horizon du sud est ménagée aussi bien au balcon de la vérandah qu'aux fenêtres latérales du salon, de la salle à manger et des cabines de gauche. De grands cèdres planent au-dessus et se découpent vigoureusement en noir sur le fond éloigné de la grande chaîne, que tapisse une neige éternelle.

A gauche, la seconde maison est adossée au flanc d'un énorme rocher de granit, doré par le soleil. Ce rocher, autant par sa forme bizarre que par sa couleur chaude, rappelle ces gigantesques « plumpuddings » de pierre, dont parle M. Russell-Killough dans le récit de son voyage à travers l'Inde méridionale. De cette habitation, réservée au sergent Mac Neil et à ses compagnons du personnel, on ne voit que le flanc Elle est placée à vingt pas de l'habitation principale, comme une annexe de quelque pagode plus importante. A l'extrémité de l'un des toits qui la couronnent, un petit filet de fumée bleuâtre s'échappe du laboratoire culinaire de monsieur Parazard. Plus à gauche, un groupe d'arbres, à peine détachés de la forêt, remonte sur l'épaulement de l'ouest, et forme le plan latéral de ce paysage.

Au fond, entre les deux habitations, se dresse un gigantesque mastodonte. C'est notre Géant d'Acier. Il a été remisé sous un berceau de grands penda-

nus. Avec sa trompe relevée, on dirait qu'il en
« broute » les branches supérieures. Mais il est stationnaire. Il se repose, bien qu'il n'ait nul besoin de repos. Maintenant, inébranlable gardien de Steam-House, comme un énorme animal antédiluvien, il en défend l'entrée, à l'amorce de cette route par laquelle il a remorqué tout ce hameau mobile.

Par exemple, si colossal que soit notre éléphant, — à moins de le détacher par la pensée de la chaîne qui se dresse à six mille mètres au-dessus du plateau, — il ne paraît plus rien avoir de ce géant artificiel dont la main de Banks a doté la faune indoue.

« Une mouche sur la façade d'une cathédrale! » dit le capitaine Hod, non sans un certain dépit.

Et rien n'est plus vrai. Il y a, en arrière, un bloc de granit, dans lequel on taillerait aisément mille éléphants de la grandeur du nôtre, et ce bloc n'est qu'un simple gradin, une des cent marches de cet escalier qui monte jusqu'à la crête de la chaîne et que le Dwalaghiri domine de son pic aigu.

Parfois, le ciel de ce tableau s'abaisse à l'œil de l'observateur. Non seulement les hautes cimes, mais la crête moyenne de la chaîne, disparaissent un instant. Ce sont d'épaisses vapeurs qui courent sur la zone moyenne de l'Himalaya et embrument toute sa partie supérieure. Le paysage se rapetisse, et, alors, par un effet d'optique, on dirait que les habitations, les arbres, les croupes voisines, et le Géant d'Acier lui-même, reprennent leur grandeur réelle.

Il arrive aussi que, poussés par certains vents humides, les nuages, moins élevés encore, se déroulent au-dessous du plateau. L'œil ne voit plus alors qu'une mer moutonnante de nuées, et le soleil provoque à leur surface d'étonnants jeux de lumière. En haut, comme en bas, l'horizon a disparu, et il semble que nous soyons transportés dans quelque région aérienne, en dehors des limites de la terre.

Mais le vent change, une brise du nord, se précipitant par les brèches de la chaîne, vient balayer tout ce brouillard, la mer de vapeurs se condense presque instantanément, la plaine remonte à l'horizon du sud, les sublimes projections de l'Himalaya se profilent à nouveau sur le fond nettoyé du ciel, le cadre du tableau retrouve sa grandeur normale, et le regard, dont rien ne limite plus la portée, saisit tous les détails d'une vue panoramique sur un horizon de soixante milles.

CHAPITRE II

MATHIAS VAN GUITT

Le lendemain, 26 juin, un bruit de voix bien connues me réveilla dès l'aube. Je me levai aussitôt. Le capitaine Hod et son brosseur Fox étaient en grande conversation dans la salle à manger de Steam-House. Je vins aussitôt les rejoindre.

Au même instant, Banks quittait sa chambre, et le capitaine l'interpellait de sa voix sonore :

« Eh bien, ami Banks, lui dit-il, nous voilà enfin arrivés à bon port! Cette fois, c'est définitif. Il ne s'agit plus d'une halte de quelques heures, mais d'un séjour de quelques mois.

— Oui, mon cher Hod, répondit l'ingénieur, et vous pouvez organiser vos chasses tout à votre aise. Le coup de sifflet de Géant d'Acier ne vous rappellera plus au campement.

— Tu entends, Fox?

— Oui, mon capitaine, répondit le brosseur.

— Le ciel me vienne en aide! s'écria Hod, mais je ne quitterai pas le sanitarium de Steam-House avant que le cinquantième ne soit tombé sous mes coups! Le cinquantième, Fox! J'ai comme une idée que celui-là sera particulièrement difficile à décrocher!

— On le décrochera pourtant, répondit Fox.

— D'où vous vient cette idée, capitaine Hod? demandai-je.

— Oh! Maucler, c'est un pressentiment... un pressentiment de chasseur, rien de plus!

— Ainsi donc, dit Banks, dès aujourd'hui, vous allez quitter le campement et vous mettre en campagne?

— Dès aujourd'hui, répondit le capitaine Hod. Nous commencerons d'abord par reconnaître le terrain, de manière à explorer la zone inférieure, en descendant jusqu'aux forêts du Tarryani. Pourvu que les tigres n'aient pas abandonné cette résidence!

— Pouvez-vous croire?...

— Eh! ma mauvaise chance!

— Mauvaise chance!... dans l'Himalaya!... répondit l'ingénieur. Est-ce que cela est possible!

— Enfin, nous verrons! — Vous nous accompagnerez, Maucler? demanda le capitaine Hod, en se retournant vers moi.

— Oui, certainement.

— Et vous, Banks?

— Moi aussi, répondit l'ingénieur, et je pense que Munro se joindra à vous comme je vais le faire... en amateur !

— Oh! répondit le capitaine Hod, en amateurs, soit ! mais en amateurs bien armés ! Il ne s'agit pas d'aller se promener la canne à la main ! Voilà qui humilierait les fauves du Tarryani !

— Convenu ! répondit l'ingénieur.

— Ainsi, Fox, reprit le capitaine en s'adressant à son brosseur, pas d'erreur, cette fois ! Nous sommes dans le pays des tigres ! Quatre carabines Enfield pour le colonel, Banks, Maucler et moi, deux fusils à balle explosive pour toi et pour Goûmi.

— Soyez tranquille, mon capitaine, répondit Fox. Le gibier n'aura pas à se plaindre ! »

Cette journée devait donc être consacrée à la reconnaissance de cette forêt du Tarryani qui hérisse la partie inférieure de l'Himalaya, au-dessous de notre sanitarium. Donc, vers onze heures, après le déjeuner, sir Edward Munro, Banks, Hod, Fox, Goûmi et moi, tous bien armés, nous descendions la route qui oblique vers la plaine, après avoir eu soin de laisser au campement les deux chiens, dont nous n'avions que faire dans cette expédition.

Le sergent Mac Neil était resté à Steam-House, avec Storr, Kâlouth et le cuisinier, afin d'achever les travaux d'installation. Après un voyage de deux mois, le Géant d'Acier avait besoin d'être, intérieurement et extérieurement, visité, nettoyé, mis en état. Cela constituait une besogne longue, minutieuse, délicate, qui ne laisserait pas chômer ses cornacs ordinaires, le chauffeur et le mécanicien.

A onze heures, nous avions quitté le sanitarium, et, quelques minutes après, au premier tournant de la route, Steam-House disparaissait derrière son épais rideau d'arbres.

Il ne pleuvait plus. Sous la poussée d'un vent frais du nord-est, les nuages, plus « débraillés », courant dans les hautes zones de l'atmosphère, chassaient avec vitesse. Le ciel était gris, — température convenable pour des piétons ; mais, aussi, absence de ces jeux de lumière et d'ombre qui sont le charme des grands bois.

Deux mille mètres à descendre sur un chemin direct, c'eût été l'affaire de vingt-cinq à trente minutes, si la route ne se fût allongée de toutes les inuosités par lesquelles elle rachetait la raideur des pentes. Il ne nous fallut pas moins d'une heure et demie pour atteindre la limite supérieure des forêts du Tarryani, à cinq ou six cents pieds au-dessus de la plaine. Le chemin s'était fait en belle humeur.

« Attention! dit le capitaine Hod. Nous entrons sur le domaine des tigres, des lions, des panthères, des guépards et autres animaux bienfaisants de la région himalayenne! C'est bien de détruire les fauves, mais c'est mieux de ne pas être détruit par eux! Donc, ne nous éloignons pas les uns des autres, et soyons prudents! »

Une telle recommandation dans la bouche du déterminé chasseur avait une valeur considérable. Aussi, chacun de nous en tint-il compte. Les carabines et les fusils furent chargés, les batteries visitées, les chiens mis au cran de sûreté. Nous étions prêts à tout événement.

J'ajouterai qu'il y avait à se défier non seulement des carnassiers, mais aussi des serpents, dont les plus dangereux se rencontrent dans les forêts de l'Inde. Les « belongas », les serpents verts, les serpents-fouets, et bien d'autres, sont extrêmement venimeux. Le nombre des victimes qui succombent annuellement aux morsures de ces reptiles est cinq ou six fois plus considérable que celui des animaux domestiques ou des hommes qui périssent sous la dent des fauves.

Donc, dans cette région du Tarryani, avoir l'œil à tout, regarder où l'on pose le pied, où l'on appuie la main, prêter l'oreille aux moindres bruits qui courent sous les herbes ou se propagent à travers les buissons, ce n'est que stricte prudence.

A midi et demi, nous étions entrés sous le couvert des grands arbres groupés à la lisière de la forêt. Leur haute ramure se développait au-dessus de quelques larges allées, par lesquelles le Géant d'Acier, suivi du train qu'il traînait d'ordinaire, eût passé facilement. En effet, cette partie de la forêt était depuis longtemps aménagée pour les charrois des bois exploités par les montagnards. Cela se voyait à de certaines ornières fraîchement creusées dans la glaise molle. Ces allées principales couraient dans le sens de la chaîne, et, suivant la plus grande longueur du Tarryani, reliaient entre elles les clairières ménagées çà et là par la hache du bûcheron; mais, de chaque côté, elles ne donnaient accès qu'à d'étroites sentes, qui se perdaient sous des futaies impénétrables.

Nous suivions donc ces avenues, plutôt en géomètres qu'en chasseurs, de manière à reconnaître leur direction générale. Aucun hurlement ne troublait le silence dans la profondeur du bois. De larges empreintes, cependant, récemment laissées sur le sol, prouvaient que les carnassiers n'avaient point abandonné le Tarryani.

Soudain, au moment ou nous tournions un des coudes de l'allée, rejetée sur la droite par le pied d'un contrefort, une exclamation du capitaine Hod, qui marchait en avant, nous fit arrêter.

A vingt pas, à l'angle d'une clairière, bordée de grands pendanus, s'élevait une construction, au moins singulière par sa forme. Ce n'était pas une maison : elle n'avait ni cheminée ni fenêtres. Ce n'était pas une hutte de chasseurs : elle n'avait ni meurtrières ni embrasures. On eût plutôt dit une tombe indoue, perdue au plus profond de cette forêt.

En effet, qu'on imagine une sorte de long cube, formé de troncs, juxtaposés verticalement, solidement fichés dans le sol, reliés à leur partie supérieure par un épais cordon de branchages. Pour toit, d'autres troncs transversaux, fortement emmortaisés dans le bâti supérieur. Très évidemment, le constructeur de ce réduit avait voulu lui donner une solidité à toute épreuve sur ses cinq côtés. Il mesurait environ six pieds de haut, sur douze de long et cinq de large. D'ouverture, nulle apparence, à moins qu'elle ne fût cachée, sur sa face antérieure, par un épais madrier, dont la tête arrondie dépassait quelque peu l'ensemble de la construction.

Au-dessus du toit se dressaient de longues perches flexibles, singulièrement disposées et reliées entre elles. A l'extrémité d'un levier horizontal, qui supportait cette armature, pendait un nœud coulant, ou plutôt une boucle, formée par une grosse tresse de lianes.

« Eh! qu'est cela? m'écriai-je.

— Cela, répondit Banks, après avoir bien regardé, c'est tout simplement une souricière, mais je vous laisse à penser, mes amis, quelles souris elle est destinée à prendre!

— Un piège à tigres? s'écria le capitaine Hod.

— Oui, répondit Banks, un piège à tigres, dont la porte, fermée par le madrier que retenait cette boucle de lianes, est retombée, parce que la bascule intérieure a été touchée par quelque animal.

— C'est la première fois, répondit Hod, que je vois dans une forêt de l'Inde un piège de ce genre. Une souricière, en effet! Voilà qui n'est pas digne d'un chasseur!

— Ni d'un tigre, ajouta Fox.

— Sans doute, répondit Banks, mais s'il s'agit de détruire ces féroces animaux, et non de les chasser par plaisir, le meilleur piège est celui qui en attrape le plus. Or, celui-ci me paraît ingénieusement disposé pour attirer et retenir des fauves, si méfiants et si vigoureux qu'ils soient!

— J'ajoute, dit alors le colonel Munro, que, puisque l'équilibre de la bascule qui retenait la porte du piège a été rompu, c'est que probablement quelque animal s'y est fait prendre.

— Nous le saurons bien! s'écria le capitaine Hod, et si la souris n'est pas morte!... »

Le capitaine, joignant le geste aux paroles, fit sonner la batterie de sa carabine. Tous l'imitèrent et se tinrent prêts à faire feu.

Évidemment, nous ne pouvions mettre en doute que cette construction ne fût un piège, du genre de ceux qui se rencontrent fréquemment dans les forêts de la Malaisie. Mais, s'il n'était pas l'œuvre d'un Indou, il présentait toutes les conditions qui rendent très pratiques ces engins de destruction : sensibilité excessive, solidité à toute épreuve.

Nos dispositions prises, le capitaine Hod, Fox et Goûmi s'approchèrent du piège dont ils voulaient d'abord faire le tour. Nul interstice entre les troncs verticaux ne leur permit de regarder à l'intérieur.

Ils écoutèrent avec attention. Aucun bruit ne décelait la présence d'un être vivant dans ce cube de bois, aussi muet qu'une tombe.

Le capitaine Hod et ses compagnons revinrent à la face antérieure. Ils s'assurèrent que le madrier mobile avait glissé dans deux larges rainures verticalement disposées. Il suffisait donc de le relever pour pénétrer à l'intérieur du piège.

« Pas le moindre bruit! dit le capitaine Hod, qui avait collé son oreille contre la porte, pas le moindre souffle! La souricière est vide!

— N'importe, soyez prudents! » répondit le colonel Munro.

Et il alla s'asseoir sur un tronc d'arbre, à gauche de la clairière. Je me plaçai près de lui.

« Allons, Goûmi! » dit le capitaine Hod.

Goûmi, leste, bien découplé dans sa petite taille, agile comme un singe, souple comme un léopard, un véritable clown indou, comprit ce que voulait le capitaine. Son adresse le désignait tout naturellement pour le service qu'on attendait de lui. Il sauta d'un bond sur le toit du piège, et, en un instant, il eut atteint, à la force du poignet, une des perches qui formaient l'armature supérieure. Puis, il se glissa le long du levier jusqu'à l'anneau de lianes, et, par son poids, il le courba jusqu'à la tête du madrier qui fermait l'ouverture.

Cet anneau fut alors passé dans un épaulement ménagé à la tête du madrier. Il n'y avait plus qu'à produire un mouvement de bascule, en pesant sur l'autre extrémité du levier.

Mais alors, il fallut faire appel aux forces réunies

de notre petite troupe. Le colonel Munro, Banks, Fox et moi nous allâmes donc à l'arrière du piège, afin de produire ce mouvement.

Goûmi était resté dans l'armature, pour dégager le levier, au cas où quelque obstacle l'eût empêché de fonctionner librement.

« Mes amis, nous cria le capitaine Hod, s'il est nécessaire que je me joigne à vous, j'irai, mais, si vous pouvez vous passer de moi, je préfère rester par le travers du piège. Au moins, s'il en sort un tigre, il sera salué d'une balle à son passage !

— Et celui-là comptera-t-il pour le quarante-deuxième ? demandai-je au capitaine.

— Pourquoi pas ? répondit Hod. S'il tombe sous mon coup de fusil, il sera du moins tombé en toute liberté !

— Ne vendons pas la peau de l'ours... répliqua l'ingénieur, avant qu'il ne soit par terre !

— Surtout quand cet ours pourrait bien être un tigre !... ajouta le colonel Munro.

— Ensemble, mes amis, cria Banks, ensemble ! »

Le madrier était pesant. Il glissait mal dans ses rainures. Cependant, nous parvînmes à l'ébranler. Il oscilla un instant et demeura suspendu à un pied au-dessus du sol.

Le capitaine Hod, à demi courbé, sa carabine en

joue, cherchait à voir si quelque énorme patte ou quelque gueule haletante ne se montrait pas à l'orifice du piège. Rien n'apparaissait encore.

« Encore un effort, mes amis ! » cria Banks.

Et grâce à Goûmi, qui vint donner quelques secousses à l'arrière du levier, le madrier commença à remonter peu à peu. Bientôt l'ouverture fut suffisante pour livrer passage, même à un animal de grande taille.

Pas d'animal, quel qu'il fût.

Mais il était possible, après tout, qu'au bruit qui se faisait autour du piège, le prisonnier se fût réfugié à la partie la plus reculée de sa prison. Peut-être même n'attendait-il que le moment favorable pour s'élancer d'un bond, renverser quiconque s'opposerait à sa fuite, et disparaître dans les profondeurs de la forêt.

C'était assez palpitant.

Je vis alors le capitaine Hod faire quelques pas en avant, le doigt sur la gachette de sa carabine, et manœuvrer de manière à plonger son regard jusqu'au fond du piège.

Le madrier était entièrement relevé alors, et la lumière entrait largement par l'orifice.

En ce moment, un léger bruit de se produire à travers les parois, puis un ronflement sourd, ou plutôt un formidable bâillement que je trouvai très suspect.

Évidemment, un animal était là, qui dormait, et nous venions de le réveiller brusquement.

Le capitaine Hod s'approcha encore et braqua sa carabine sur une masse qu'il vit remuer dans la pénombre.

Soudain, un mouvement se fit à l'intérieur. Un cri de terreur retentit, qui fut aussitôt suivi de ces mots, prononcés en bon anglais :

« Ne tirez pas, pour Dieu ! Ne tirez pas ! »

Un homme s'élança hors du piège.

Notre étonnement fut tel, que, nos mains lâchant l'armature, le madrier retomba lourdement avec un bruit sourd devant l'orifice, qu'il boucha de nouveau.

Cependant, le personnage si inattendu qui venait d'apparaître, revenait sur le capitaine Hod, dont la carabine le visait en pleine poitrine, et d'un ton assez prétentieux, accompagné d'un geste emphatique :

« Veuillez relever votre arme, monsieur, lui dit-il. Ce n'est point à un tigre du Tarryani que vous avez affaire ! »

Le capitaine Hod, après quelque hésitation, remit sa carabine dans une position moins menaçante.

« A qui avons-nous l'honneur de parler? demanda Banks, en s'avançant vers ce personnage.

— Au naturaliste Mathias Van Guitt, fournisseur ordinaire de pachydermes, tardigrades, plantigrades, proboscidiens, carnassiers et autres mammifères pour la maison Charles Rice de Londres et la maison Hagenbeek de Hambourg! »

Puis, nous désignant d'un geste circulaire :

« Messieurs?...

— Le colonel Munro et ses compagnons de voyage, répondit Banks, qui nous montra de la main.

— En promenade dans les forêts de l'Himalaya! reprit le fournisseur. Charmante excursion, en vérité! A vous rendre mes devoirs, messieurs, à vous les rendre! »

Quel était cet original à qui nous avions affaire? Ne pouvait-on penser que sa cervelle s'était détraquée pendant cet emprisonnement dans le piège à tigres? Était-il fou ou avait-il son bon sens? Enfin, à quelle catégorie de bimanes appartenait cet individu?

Nous allions le savoir, et, dans la suite, nous devions mieux apprendre à connaître ce personnage singulier, qui se qualifiait de naturaliste et l'avait été en effet.

Le sieur Mathias Van Guitt, fournisseur de ménageries, était un homme à lunettes, âgé de cinquante ans. Sa face glabre, ses yeux clignotants, son nez à l'évent, le remuement perpétuel de toute sa personne, ses gestes ultra-expressifs, appropriés à chacune des phrases qui tombaient de sa large bouche, tout cela en faisait le type très connu du vieux comédien de province. Qui n'a pas rencontré de par le monde un de ces anciens acteurs, dont toute l'existence, limitée à l'horizon d'une rampe et d'un rideau de fond, s'est écoulée entre le « côté cour » et le « côté jardin » d'un théâtre de mélodrame? Parleurs infatigables, gesticulateurs gênants, poseurs infatués d'eux-mêmes, ils portent haut, en la rejetant en arrière, leur tête, trop vide dans la vieillesse pour avoir jamais été bien remplie dans l'âge mûr. Il y avait certainement du vieil acteur dans ce Mathias Van Guitt.

J'ai entendu quelquefois raconter cette plaisante anecdote, au sujet d'un pauvre diable de chanteur, qui croyait devoir souligner par un geste spécial tous les mots de son rôle.

Ainsi, dans l'opéra de *Masaniello*, lorsqu'il entonnait à pleine voix :

Si d'un pêcheur Napolitain...

son bras droit, tendu vers la salle, remuait fébrilement comme s'il eût tenu au bout de sa ligne le brochet que venait de ferrer son hameçon. Puis, continuant :

> Le Ciel voulait faire un monarque,

tandis que l'une de ses mains se dressait droit vers le zénith pour indiquer le ciel, l'autre, traçant un cercle autour de sa tête fièrement relevée, figurait une couronne royale.

> Rebelle aux arrêts du destin,

Tout son corps résistait violemment à une poussée qui tendait à le rejeter en arrière,

> Il dirait en guidant sa barque...

Et alors ses deux bras, vivement ramenés de gauche à droite et de droite à gauche, comme s'il eût manœuvré la godille, témoignaient de son adresse à diriger une embarcation.

Eh bien, ces procédés, familiers au chanteur en question, c'étaient, à peu près, ceux du fournisseur Mathias Van Guitt. Il n'employait dans son langage que des termes choisis, et devait être très gênant pour l'interlocuteur, qui ne pouvait se mettre hors du rayon de ses gestes.

Ainsi que nous l'apprîmes plus tard et de sa bouche même, Mathias Van Guitt était un ancien professeur d'histoire naturelle au Muséun de Rotterdam, auquel le professorat n'avait pas réussi. Il est certain que ce digne homme devait prêter à rire, et que si les élèves venaient en foule à sa chaire, c'était pour s'amuser, non pour apprendre. En fin de compte, les circonstances avaient fait que, las de professer sans succès la zoologie théorique, il était venu faire aux Indes de la zoologie pratique. Ce genre de commerce lui réussit mieux, et il devint le fournisseur attitré des importantes maisons de Hambourg et de Londres, auxquelles s'approvisionnent généralement les ménageries publiques et privées des deux mondes.

Et si Mathias Van Guitt se trouvait actuellement dans le Tarryani, c'est qu'une importante commande de fauves pour l'Europe l'y avait amené. En effet, son campement n'était pas à plus de deux milles de ce piège, dont nous venions de l'extraire.

Mais pourquoi le fournisseur était-il dans ce piège? C'est ce que Banks lui demanda tout d'abord, et voici ce qu'il répondit dans un langage soutenu par une grande variété de gestes.

« C'était hier. Le soleil avait déjà accompli le demi-cercle de sa rotation diurne. La pensée me vint alors d'aller visiter l'un des pièges à tigres dressés par mes mains. Je quittai donc mon kraal, que vous voudrez bien honorer de votre visite, messieurs, et j'arrivai à cette clairière. J'étais seul, mon personnel vaquait à des travaux urgents, et je n'avais pas voulu l'en distraire. C'était une imprudence. Lorsque je fus devant ce piège, je constatai tout d'abord que la trappe, formée par le madrier mobile, était relevée. D'où je conclus, non sans quelque logique, qu'aucun fauve ne s'y était laissé prendre. Cependant, je voulus vérifier si l'appât était toujours en place, et si le bon fonctionnement de la bascule était assuré. C'est pourquoi, d'un adroit mouvement de reptation, je me glissai par l'étroite ouverture. »

La main de Mathias Van Guitt indiquait par une ondulation élégante le mouvement d'un serpent qui se faufile à travers les grandes herbes.

« Quand je fus arrivé au fond du piège, reprit le fournisseur, j'examinai le quartier de chèvre, dont les émanations devaient attirer les hôtes de cette partie de la forêt. L'appât était intact. J'allais me retirer, lorsqu'un choc involontaire de mon bras fit jouer la bascule; l'armature se détendit, la trappe retomba, et je me trouvai pris à mon propre piège, sans aucun moyen d'en pouvoir sortir. »

Ici, Mathias Van Guitt s'arrêta un instant pour mieux faire comprendre toute la gravité de sa situation.

« Cependant, messieurs, reprit-il, je ne vous cacherai pas que j'envisageai tout d'abord la chose par son côté comique. J'étais emprisonné, soit ! Pas de geôlier pour m'ouvrir la porte de ma prison, d'accord ! Mais je pensai bien que mes gens, ne me voyant pas reparaître au kraal, s'inquiéteraient de mon absence prolongée et se livreraient à des recherches qui tôt ou tard aboutiraient. Ce n'était qu'une affaire de temps.

Car que faire en un gîte, à moins que l'on ne songe,

a dit un fabuliste français. Je songeai donc, et des heures s'écoulèrent sans que rien vînt modifier ma situation. Le soir venu, la faim se fit sentir. J'imaginai que ce que j'avais de mieux à faire, c'était de la tromper par le sommeil. Je pris donc mon parti en philosophe, et je m'endormis profondément. La nuit fut calme au milieu des grands silences de la forêt. Rien ne troubla mon sommeil, et peut-être dormirais-je encore, si je n'eusse été réveillé par un bruit insolite. La trappe du piège se relevait, le jour entrait à flots dans mon réduit obscur, je n'avais plus qu'à m'élancer au dehors !... Quel fut mon trouble, quand je vis l'instrument de mort dirigé vers ma poitrine ! Encore un instant, j'allais être frappé ! L'heure de ma délivrance aurait été la dernière de ma vie !... Mais monsieur le capitaine voulut bien reconnaître en moi une créature de son espèce... et il ne me reste qu'à vous remercier, messieurs, de m'avoir rendu à la liberté. »

Tel fut le récit du fournisseur. Il faut bien avouer que ce ne fut pas sans peine que nous parvînmes à maîtriser le sourire que provoquaient son ton et ses gestes.

« Ainsi, monsieur, lui demanda Banks, votre campement est établi dans cette portion du Tarryani?

— Oui, monsieur, répondit Mathias Van Guitt. Comme j'ai eu le plaisir de vous l'apprendre, mon kraal n'est pas à plus de deux milles d'ici, et si vous voulez l'honorer de votre présence, je serai heureux de vous y recevoir.

— Certainement, monsieur Van Guitt, répondit le colonel Munro, nous irons vous rendre visite !

— Nous sommes chasseurs, ajouta le capitaine Hod, et l'installation d'un kraal nous intéressera.

— Chasseurs ! s'écria Mathias Van Guitt, chasseurs ! »

Et il ne put empêcher sa physionomie d'exprimer qu'il n'avait pour les fils de Nemrod qu'une estime fort modérée.

« Vous chassez les fauves... pour les tuer, sans doute ? reprit-il en s'adressant au capitaine.

— Uniquement pour les tuer, répondit Hod.

— Et moi, uniquement pour les prendre! répliqua le fournisseur, qui eut là un beau mouvement de fierté.

— Eh bien, monsieur Van Guitt, nous ne nous ferons pas concurrence! » riposta le capitaine Hod.

Le fournisseur hocha la tête. Toutefois, notre qualité de chasseur n'était pas pour le faire revenir sur son invitation.

« Quand vous voudrez me suivre, messieurs! » dit-il en s'inclinant avec grâce.

Mais, en ce moment, plusieurs voix se firent entendre sous bois, et une demi-douzaine d'Indous apparurent au tournant de la grande allée, qui se développait au delà de la clairière.

« Ah! voilà mes gens, » dit Mathias Van Guitt.

Puis, s'approchant de nous et mettant un doigt sur sa bouche, en avançant quelque peu les lèvres :

« Pas un mot de mon aventure! ajouta-t-il. Il ne faut pas que le personnel du kraal sache que je me suis laissé prendre à mon piège comme un vulgaire animal! Cela pourrait affaiblir le degré de correction que je dois toujours conserver à ses yeux! »

Un signe d'acquiescement de notre part rassura le fournisseur.

« Maître, dit alors un des Indous, dont l'impassible et intelligente figure attira mon attention, maître, nous vous cherchons depuis plus d'une heure sans avoir...

— J'étais avec ces messieurs qui veulent bien m'accompagner jusqu'au kraal, répondit Van Guitt. Mais, avant de quitter la clairière, il convient de remettre ce piège en état. »

Sur l'ordre du fournisseur, les Indous procédèrent donc à la réinstallation de la trappe.

Pendant ce temps, Mathias Van Guitt nous invita à visiter l'intérieur du piège. Le capitaine Hod s'y glissa à sa suite, et je le suivis.

La place était un peu étroite pour le développement des gestes de notre hôte, qui opérait là comme s'il eût été dans un salon.

« Mes compliments, dit le capitaine Hod, après avoir examiné l'appareil. C'est fort bien imaginé !

— N'en doutez pas, monsieur le capitaine, répondit Mathias Van Guitt. Ce genre de piège est infiniment préférable aux anciennes fosses garnies de pieux en bois durci, et aux arbres flexibles recourbés en arcs que maintient un nœud coulant. Dans le premier cas, l'animal s'éventre ; dans le second, il se strangule. Cela importe peu, évidemment, lorsqu'il ne s'agit que de détruire les fauves ! Mais, à moi qui vous parle, il les faut vivants, intacts, sans aucune détérioration !

— Évidemment, répondit le capitaine Hod, nous ne procédons pas de la même manière.

— La mienne est peut-être la bonne ! répliqua le fournisseur. Si l'on consultait les fauves....

— Je ne les consulte pas ! » répondit le capitaine.

Décidément, le capitaine Hod et Mathias Van Guitt auraient quelque peine à s'entendre.

« Mais, demandai-je au fournisseur, lorsque ces animaux sont pris au piège, comment faites-vous pour les en retirer ?

— Une cage roulante est amenée près de la trappe, répondit Mathias Van Guitt, les prisonniers s'y jettent d'eux-mêmes, et je n'ai plus qu'à les ramener au kraal, au pas tranquille et lent de mes buffles domestiques. »

Cette phrase était à peine achevée, que des cris se faisaient entendre au dehors.

Notre premier mouvement, au capitaine Hod et à moi, fut de nous précipiter hors du piège.

Que s'était-il donc passé ?

Un serpent-fouet, de la plus maligne espèce, venait d'être coupé en deux par la baguette qu'un Indou tenait à la main, et cela, au moment même où le venimeux reptile s'élançait sur le colonel.

Cet Indou était celui que j'avais déjà remarqué. Son intervention rapide avait certainement sauvé sir Edward Munro d'une mort immédiate, comme il nous fut donné de le voir.

En effet, les cris que nous avions entendus étaient poussés par un des serviteurs du kraal, qui se tordait sur le sol dans les dernières contorsions de l'agonie.

Par une déplorable fatalité, la tête du serpent, coupée net, avait sauté sur sa poitrine, ses crochets s'y étaient fixés, et le malheureux, pénétré par le subtile poison, expirait en moins d'une minute, sans qu'il eût été possible de lui porter secours.

Tout d'abord atterrés par cet affreux spectacle, nous nous étions ensuite précipités vers le colonel Munro.

« Tu n'as pas été touché ? demanda Banks, qui lui saisit précipitamment la main.

— Non, Banks, rassure-toi, » répondit sir Edward Munro.

Puis, se relevant et allant vers l'Indou, auquel il devait la vie :

« Merci, ami, » lui dit-il.

L'Indou, d'un geste, fit comprendre qu'aucun remerciement ne lui était dû pour cela.

« Quel est ton nom ? lui demanda le colonel Munro.

— Kâlagani, » répondit l'Indou.

CHAPITRE III

LE KRAAL

La mort de ce malheureux nous avait vivement impressionnés, surtout dans les conditions où elle venait de se produire. Mais la morsure du serpent-fouet, l'un des plus venimeux de la péninsule, ne pardonne pas. C'était une victime de plus à ajouter aux milliers que font annuellement dans l'Inde ces redoutables reptiles [1].

On a dit, — plaisamment, je suppose, — qu'il n'y avait pas de serpents, autrefois, à la Martinique, et que ce sont les Anglais qui les y ont importés, lorsqu'ils ont dû rendre l'île à la France. Les Fran-

---

1. En 1877, 1677 êtres humains ont péri par la morsure des serpents. Les primes payées par le gouvernement pour la destruction de ces reptiles indiquent qu'en cette même année on en a tué 127,295.

çais n'ont pas eu à user de ce genre de représailles, quand ils ont abandonné leurs conquêtes de l'Inde. C'était inutile, et il faut convenir que la nature s'est montrée prodigue à cet égard.

Le corps de l'Indou, sous l'influence du venin, se décomposait rapidement. On dut procéder à son inhumation immédiate. Ses compagnons s'y employèrent, et il fut déposé dans une fosse assez profonde pour que les carnassiers ne pussent le déterrer.

Dès que cette triste cérémonie eut été achevée, Mathias Van Guitt nous invita à l'accompagner au kraal, — invitation qui fut acceptée avec empressement.

Une demi-heure nous suffit pour atteindre l'établissement du fournisseur. Cet établissement justifiait bien ce nom de « kraal », qui est plus spécialement employé par les colons du sud de l'Afrique.

C'était un grand enclos oblong, disposé au plus profond de la forêt, au milieu d'une vaste clairière. Mathias Van Guitt l'avait aménagé avec une parfaite entente des besoins du métier. Un rang de hautes palissades, percé d'une porte assez large pour livrer passage aux chariots, l'entourait sur ses quatre côtés. Au fond, au milieu, une longue case, faite de troncs d'arbres et de planches, servait d'unique habitation à tous les habitants du kraal. Six cages, divisées en plusieurs compartiments, montées sur quatre roues chacune, étaient rangées en équerre à l'extrémité gauche de l'enceinte. Aux rugissements qui s'en échappaient alors, on pouvait juger que les hôtes ne leur manquaient pas. A droite, une douzaine de buffles, que nourrissaient les gras pâturages de la montagne, étaient parqués en plein air. C'était l'attelage ordinaire de la ménagerie roulante. Six charretiers, préposés à la conduite des chariots, dix Indous, spécialement exercés à la chasse des fauves, complétaient le personnel de l'établissement.

Les charretiers étaient loués seulement pour la durée de la campagne. Leur service consistait à conduire les chariots sur les lieux de chasse, puis à les ramener à la plus prochaine station du railway. Là, ces chariots prenaient place sur des truks et pouvaient gagner rapidement, par Allahabad, soit Bombay, soit Calcutta.

Les chasseurs, Indous de race, appartenaient à cette catégorie de gens du métier qu'on appelle « chikaris ». Ils ont pour emploi de rechercher les traces des animaux féroces, de les débusquer et d'en opérer la capture.

Tel était le personnel du kraal. Mathias Van Guitt et ses gens y vivaient ainsi depuis quelques mois. Ils s'y trouvaient exposés, non seulement aux attaques des animaux féroces, mais aussi aux fièvres dont le Tarryani est particulièrement infesté. L'humidité des nuits, l'évaporation des ferments pernicieux du sol, la chaleur aqueuse développée sous le couvert des arbres que les vapeurs solaires ne pénètrent qu'imparfaitement, font de la zone inférieure de l'Himalaya une contrée malsaine.

Et cependant, le fournisseur et ses Indous étaient si bien acclimatés à cette région, que la « malaria » ne les atteignait pas plus que les tigres ou autres habitués du Tarryani. Mais il ne nous eût pas été permis, à nous, de séjourner impunément dans le kraal. Cela n'entrait pas, d'ailleurs, dans le plan du capitaine Hod. A part quelques nuits passées à l'affût, nous devions vivre à Steam-House, dans cette zone supérieure, que les buées de la plaine ne peuvent atteindre.

Nous étions donc arrivés au campement de Mathias Van Guitt. La porte s'ouvrit pour nous y donner accès.

Mathias Van Guitt paraissait être très particulièrement flatté de notre visite.

« Maintenant, messieurs, nous dit-il, permettez-moi de vous faire les honneurs du kraal. Cet établissement répond à toutes les exigences de mon art. En réalité, ce n'est qu'une hutte en grand, ce que, dans la péninsule, les chasseurs appellent un « houddi ».

Tout en parlant, le fournisseur nous avait ouvert les portes de la case, que ses gens et lui occupaient en commun. Rien de moins luxueux. Une première chambre pour le maître, une seconde pour les chikaris, une troisième pour les charretiers; dans chacune de ces chambres, et pour tout mobilier, un lit de camp; une quatrième salle, plus grande, servant à la fois de cuisine et de salle à manger. La demeure de Mathias Van Guitt, on le voit, n'était qu'à l'état rudimentaire et méritait justement la qualification de houddi. Un huttier dans sa hutte, rien de plus.

Après avoir visité l'habitation de « ces bimanes appartenant au premier groupe des mammifères, » nous fûmes conviés à voir de plus près la demeure des quadrupèdes.

C'était la partie intéressante de l'aménagement du kraal. Elle rappelait plutôt la disposition d'une ménagerie foraine que les installations confortables d'un jardin zoologique. Il n'y manquait, en effet, que ces toiles peintes à la détrempe, suspendues au-dessus des tréteaux, et représentant avec des couleurs violentes un dompteur en maillot rose et en frac de velours, au milieu d'une horde bondissante de ces fauves, qui, la gueule sanglante, les griffes ouvertes, se courbent sous le fouet d'un Bidel ou d'un Pezon héroïque! Il est vrai, le public n'était pas là pour envahir la loge.

A quelques pas étaient groupés les buffles domestiques. Ils occupaient, à droite, une portion latérale du kraal, dans laquelle on leur apportait quotidiennement leur ration d'herbe fraîche. Il eût été impossible de laisser ces animaux errer dans les pâturages voisins. Ainsi que le dit élégamment Mathias Van Guitt, « cette liberté de pacage, permise dans les contrées du Royaume-Uni, est incompatible avec les dangers que présentent les forêts himalayennes. »

La ménagerie proprement dite comprenait six cages, montées sur quatre roues. Chaque cage, grillagée à sa face antérieure, était divisée en trois compartiments. Des portes, ou plutôt des cloisons, mobiles de bas en haut, permettaient de repousser les animaux d'un compartiment dans l'autre pour les besoins du service. Ces cages contenaient alors sept tigres, deux lions, trois panthères et deux léopards.

Mathias Van Guitt nous apprit que son stock ne serait complété que lorsqu'il aurait encore capturé deux léopards, trois tigres et un lion. Alors, il quitterait le campement, gagnerait la station du railway la plus rapprochée, et prendrait la direction de Bombay.

Les fauves, que l'on pouvait facilement observer dans leurs cages, étaient magnifiques, mais particulièrement féroces. Ils avaient été trop récemment pris pour être déjà faits à cet état de séquestration. Cela se reconnaissait à leurs rugissement effroyables, à leurs brusques allées et venues d'une cloison à l'autre, aux violents coups de patte qu'ils allongeaient à travers les barreaux, faussés en maint endroit.

A notre arrivée devant les cages, ces violences redoublèrent encore, sans que Mathias Van Guitt parût s'en émouvoir.

« Pauvres bêtes ! dit le capitaine Hod.

— Pauvres bêtes ! répéta Fox.

— Croyez-vous donc qu'elles soient plus à plaindre que celles que vous tuez ? demanda le fournisseur d'un ton assez sec.

— Moins à plaindre qu'à blâmer... de s'être laissé prendre ! » riposta le capitaine Hod.

S'il est vrai qu'un long jeûne s'impose quelquefois aux carnassiers dans les pays tels que le continent africain, où sont rares les ruminants dont ils font leur unique nourriture, il n'en est pas de même dans toute cette zone du Tarryani. Là abondent les bisons, les buffles, les zébus, les sangliers, les antilopes, auxquels lions, tigres et panthères donnent incessamment la chasse. En outre, les chèvres, les moutons, sans parler des « raïots » qui les gardent, leur offrent une proie assurée et facile. Ils trouvent donc, dans les forêts de l'Himalaya, à satisfaire aisément leur faim. Aussi, leur férocité, qui ne désarme jamais, n'a-t-elle pas d'excuse.

C'était principalement de chair de bison et de zébu que le fournisseur nourrissait les hôtes de sa ménagerie, et aux chikaris revenait le soin de les ravitailler à de certains jours.

On aurait tort de croire que cette chasse soit sans dangers. Bien au contraire. Le tigre lui-même a beaucoup à redouter du buffle sauvage, qui est un animal terrible, lorsqu'il est blessé. Plus d'un chasseur l'a vu déraciner à coups de cornes l'arbre sur lequel il avait cherché refuge. Sans doute, on dit bien que l'œil du ruminant est une véritable lentille grossissante, que la grandeur des objets se triple à ses yeux, que l'homme, sous cet aspect gigantesque, lui impose. On prétend aussi que la position verticale de l'être humain, en marche, est de nature à effrayer les animaux féroces, et que mieux vaut les braver debout qu'accroupi ou couché.

Je ne sais ce qu'il y a de vrai dans ces observations, mais il est certain que l'homme, même quand il se redresse de toute sa taille, ne produit aucun effet sur le buffle sauvage, et si son arme vient à lui manquer, il est à peu près perdu.

Il en est ainsi du bison de l'Inde, à tête courte et carrée, aux cornes sveltes et aplaties vers leur base, au dos gibbeux, — cette contexture le rapproche de son congénère d'Amérique, — aux pattes blanches depuis le sabot jusqu'au genou, et dont la taille, mesurée de la naissance de la queue à l'extrémité du museau, compte parfois quatre mètres. Lui aussi, s'il est peut-être moins farouche, lorsqu'il paît en troupe dans les hautes herbes de la plaine, devient terrible à tout chasseur qui l'attaque imprudemment.

Tels étaient donc les ruminants plus particulièrement destinés à nourrir les carnassiers de la ménagerie Van Guitt. Aussi, afin de s'en emparer plus sûrement et presque sans danger, les chikaris cherchaient-ils de préférence à les prendre dans des trappes, d'où ils ne les retiraient que morts ou peu s'en fallait.

D'ailleurs, le fournisseur, en homme qui savait son métier, ne dispensait que très parcimonieusement la nourriture à ses hôtes. Une fois par jour, à midi, quatre à cinq livres de viande leur étaient distribuées, et rien de plus. Et même, — ce n'était certes pas pour ce motif « dominical »? — les laissait-on jeûner du samedi au lundi. Triste dimanche de diète, en vérité! Aussi, lorsque, après quarante-huit heures, arrivait la modeste pitance, c'était une rage impossible à contenir, un concert de hurlements, une redoutable agitation, des bonds formidables, qui imprimaient aux cages roulantes un mouvement de va-et-vient à faire craindre qu'elles ne se démolissent!

Oui, pauvres bêtes! serait-on tenté de répéter avec le capitaine Hod. Mais Mathias Van Guitt n'agissait pas ainsi sans raison. Cette abstinence dans la séquestration épargnait des affections cutanées à ses fauves et haussait leur prix sur les marchés de l'Europe.

Cependant, on doit aisément l'imaginer, tandis que Mathias Van Guitt nous exhibait sa collection, plutôt en naturaliste qu'en montreur de bêtes, sa bouche ne chômait pas. Au contraire. Il parlait, il contait, il racontait, et comme les carnassiers du Tarryani faisaient le principal sujet de ses redondantes périodes, cela nous intéressait dans une certaine mesure. Aussi, ne devions-nous quitter le kraal que lorsque la zoologie de l'Himalaya nous aurait livré ses derniers secrets.

« Mais, monsieur Van Guitt, dit Banks, pourriez-vous m'apprendre si les bénéfices du métier sont en rapport avec ses risques?

— Monsieur, répondit le fournisseur, ils étaient autrefois très rémunérateurs. Cependant, depuis quelques années, je suis obligé de le reconnaître, les animaux féroces sont en baisse. Vous pourriez en juger par les prix courants de la dernière cote. Notre principal marché, c'est le jardin zoologique d'Anvers. Volatiles, ophidiens, échantillons des familles simiennes et sauriennes, représentants des carnassiers des deux mondes, c'est là que j'expédie consuétudinairement... »

Le capitaine Hod s'inclina devant ce mot.

« ... les produits de nos aventureuses battues dans les forêts de la péninsule. Quoi qu'il en soit, le goût du public semble se modifier, et les prix de vente arriveront à être inférieurs aux prix de revient! Ainsi, dernièrement, une autruche mâle ne s'est vendue que onze cents francs, et, la femelle, huit cents seulement. Une panthère noire n'a trouvé acquéreur qu'à seize cents francs, une tigresse de Java à deux mille quatre cents, et une famille de lions, — le père, la mère, un oncle, deux lionceaux pleins d'avenir, — à sept mille francs en bloc!

— C'est vraiment pour rien! répondit Banks.

— Quant aux proboscidiens... reprit Mathias Van Guitt.

— Proboscidiens? dit le capitaine Hod.

— Nous appelons de ce nom scientifique les pachydermes auxquels la nature a confié une trompe.

— Les éléphants alors!

— Oui, les éléphants, depuis l'époque quaternaire, les mastodontes dans les périodes préhistoriques...

— Je vous remercie, répondit le capitaine Hod.

— Quant aux proboscidiens, reprit Mathias Van Guitt, il faut renoncer à en opérer la capture, si ce n'est pour récolter leurs défenses, car la consommation de l'ivoire n'a pas diminué. Mais, depuis que des auteurs dramatiques, à bout de procédés, ont imaginé de les exhiber dans leurs pièces, les impresarios les promènent de ville en ville, et le même éléphant, courant la province avec la troupe ambulante, suffit à la curiosité de tout un pays. Aussi les éléphants sont-ils moins recherchés qu'autrefois.

— Mais, demandai-je, ne fournissez-vous donc qu'aux ménageries de l'Europe ces échantillons de la faune indoue? »

— Vous me pardonnerez, répondit Mathias Van Guitt, si à ce sujet monsieur, je me permets, sans être trop curieux, de vous poser une simple question. »

Je m'inclinai en signe d'acquiescement.

« Vous êtes Français, monsieur, reprit le fournisseur. Cela se reconnaît non seulement à votre accent, mais aussi à votre type, qui est un mélange agréable de gallo-romain et de celte. Or, comme Français, vous devez n'avoir que peu de propension pour les voyages lointains, et, sans doute, vous n'avez pas fait le tour du monde? »

Ici, le geste de Mathias Van Guitt décrivit un des grands cercles de la sphère.

« Je n'ai pas encore eu ce plaisir! répondis-je.

— Je vous demanderai donc, monsieur, reprit le fournisseur, non pas si vous êtes venu aux Indes, puisque vous y êtes, mais si vous connaissez à fond la péninsule indienne?

— Imparfaitement encore, répondis-je. Cependant, j'ai déjà visité Bombay, Calcutta, Bénarès, Allahabad, la vallée du Gange. J'ai vu leurs monuments, j'ai admiré...

— Eh! qu'est cela, monsieur, qu'est cela! » répondit Mathias Van Guitt, détournant la tête, tandis que sa main, fébrilement agitée, exprimait un dédain suprême.

Puis, procédant par hypotipose, c'est-à-dire se livrant à une description vive et animée :

« Oui, qu'est cela, si vous n'avez pas visité les

ménageries de ces puissants rajahs, qui ont conservé le culte des animaux superbes dont s'honore le territoire sacré de l'Inde! Alors, monsieur, reprenez le bâton du touriste! Allez dans le Guicowar rendre hommage au roi de Baroda! Voyez ses ménageries, qui me doivent la plupart de leurs hôtes, lions du Kattyvar, ours, panthères, tchitas, lynx, tigres! Assistez à la cérémonie du mariage de ses soixante mille pigeons, qui se célèbre, chaque année, en grande pompe! Admirez ses cinq cents « boulbouls », rossignols de la péninsule, dont on soigne l'éducation comme s'ils étaient les héritiers du trône! Contemplez ses éléphants, dont l'un, voué au métier d'exécuteur des hautes-œuvres, a pour mission d'écraser la tête du condamné sur la pierre du supplice! Puis, transportez-vous aux établissements du rajah de Maïssour, le plus riche des souverains de l'Asie! Pénétrez dans ce palais où se comptent par centaines les rhinocéros, les éléphants, les tigres, et tous les fauves de haut rang qui appartiennent à l'aristocratie animalière de l'Inde! Et quand vous aurez vu cela, monsieur, peut-être alors ne pourrez-vous plus être accusé d'ignorance à l'endroit des merveilles de cet incomparable pays! »

Je n'avais qu'à m'incliner devant les observations de Mathias Van Guitt. Sa façon passionnée de pré senter les choses ne permettait évidemmment pas la discussion.

Cependant, le capitaine Hod le pressa plus directement sur la faune spéciale à cette région du Tarryani.

« Quelques renseignements, s'il vous plaît, lui demanda-t-il, à propos des carnassiers que je suis venu chercher dans cette partie de l'Inde. Bien que je ne sois qu'un chasseur, je vous le répète, je ne vous ferai pas concurrence, monsieur Van Guitt, et même, si je puis vous aider à prendre quelques-uns des tigres qui manquent encore à votre collection, je m'y emploierai volontiers. Mais, la ménagerie au complet, vous ne trouverez pas mauvais que je me livre à la destruction de ces animaux pour mon agrément personnel ! »

Mathias Van Guitt prit l'attitude d'un homme résigné à subir ce qu'il désapprouve, mais ce qu'il ne saurait empêcher. Il convint, d'ailleurs, que le Tarryani renfermait un nombre considérable de bêtes malfaisantes, généralement peu demandées sur les marchés de l'Europe, et dont le sacrifice lui semblait permis.

« Tuez les sangliers, j'y consens, répondit-il. Bien que ces suilliens, de l'ordre des pachydermes, ne soient pas des carnaires...

— Des carnaires? dit le capitaine Hod.

— J'entends par là qu'ils sont herbivores; leur férocité est si profonde qu'ils font courir les plus grands dangers aux chasseurs assez audacieux pour les attaquer!

— Et les loups?

— Les loups sont nombreux dans toute la péninsule, et très à redouter, quand ils se jettent en troupes sur quelque ferme solitaire. Ces animaux-là ressemblent quelque peu au loup fauve de Pologne, et je n'en fais pas plus de cas que des chacals ou des chiens sauvages. Je ne nie point, d'ailleurs, les ravages qu'ils commettent, mais comme ils n'ont aucune valeur marchande et sont indignes de figurer parmi les zoocrates des hautes classes, je vous les abandonne aussi, capitaine Hod.

— Et les ours? demandai-je.

— Les ours ont du bon, monsieur, répondit le fournisseur en approuvant d'un signe de tête. Si ceux de l'Inde ne sont pas recherchés aussi avidement que leurs congénères de la famille des ursins, ils possèdent néanmoins une certaine valeur commerciale qui les recommande à la bienveillante attention des connaisseurs. Le goût peut hésiter entre les deux types que nous devons aux vallées du Cachemir et aux collines du Raymahal. Mais, sauf peut-être dans la période d'hibernation, ces animaux sont presque inoffensifs, en somme, et ne peuvent tenter les instincts cynégétiques d'un véritable chasseur, tel que se présente à mes yeux le capitaine Hod. »

Le capitaine s'inclina d'un air significatif, indiquant bien qu'avec ou sans la permission de Mathias Van Guitt, il ne s'en rapporterait qu'à lui-même sur ces questions spéciales.

« D'ailleurs, ajouta le fournisseur, ces ours ne sont que des animaux botanophages...

— Botanophages? dit le capitaine.

— Oui, répondit Mathias Van Guitt, ils ne vivent que de végétaux, et n'ont rien de commun avec les espèces féroces, dont la péninsule s'enorgueillit à juste titre.

— Comptez-vous le léopard au nombre de ces fauves? demanda le capitaine Hod.

— Sans contredit, monsieur. Ce félin est agile, audacieux, plein de courage, il grimpe aux arbres, et, par cela même, il est quelquefois plus redoutable que le tigre...

— Oh! fit le capitaine Hod.

— Monsieur, répondit Mathias Van Guitt d'un ton sec, quand un chasseur n'est plus assuré de trouver refuge dans les arbres, il est bien près d'être chassé à son tour!

— Et la panthère ? demanda le capitaine Hod, qui voulut couper court à cette discussion.

— Superbe, la panthère, répondit Mathias Van Guitt, et vous pouvez voir, messieurs, que j'en ai de magnifiques spécimens ! Étonnants animaux, qui, par une singulière contradiction, une antilogie, pour employer un mot moins usuel, peuvent être dressés aux luttes de la chasse ! Oui, messieurs, dans le Guicowar spécialement, les rajahs exercent les panthères à ce noble exercice ! On les amène dans un palanquin, la tête encapuchonnée comme un gerfaut ou un émerillon ! En vérité, ce sont de véritables faucons à quatre pattes ! Dès que les chasseurs sont en vue d'un troupeau d'antilopes, la panthère est déchaperonnée et s'élance sur les timides ruminants, que leurs jambes, si agiles qu'elles soient, ne peuvent dérober à ses terribles griffes ! Oui, monsieur le capitaine, oui ! Vous trouverez des panthères dans le Tarryani ! Vous en trouverez plus que vous ne le voudrez peut-être, mais je vous préviens charitablement que celles-là ne sont pas apprivoisées !

— Je l'espère bien, répondit le capitaine Hod.

— Pas plus que les lions, d'ailleurs, ajouta le fournisseur, assez vexé de cette réponse.

— Ah ! les lions ! dit le capitaine Hod. Parlons un peu des lions, s'il vous plaît !

— Eh bien, monsieur, reprit Mathias Van Guitt, je regarde ces prétendus rois de l'animalité comme inférieurs à leurs congénères de l antique Lybie. Ici les mâles ne portent pas cette crinière qui est l'apanage du lion africain et ce ne sont plus, à mon avis, que des Samsons regrettablement tondus! Ils ont d'ailleurs, presque entièrement disparu de l'Inde centrale pour se réfugier dans le Kattyawar, le désert de Theil, et dans le Tarryani. Ces félins dégénérés, vivant maintenant en ermites, en solitaires, ne peuvent se retremper à la fréquentation de leurs semblables. Aussi, je ne les place pas au premier rang dans l'échelle des quadrupèdes. En vérité, messieurs, on peut échapper au lion : au tigre, jamais !

— Ah ! les tigres ! s'écria le capitaine Hod.

— Oui ! les tigres ! répéta Fox.

— Le tigre, répondit Mathias Van Guitt en s'animant, à lui la couronne! On dit le tigre royal, non le lion royal, et c'est justice ! L'Inde lui appartient tout entière et se résume en lui! N'a-t-il pas été le premier occupant du sol? N'est-ce pas son droit de considérer comme envahisseur, non seulement les représentants de la race anglo-saxonne, mais aussi les fils de la race solaire ? N'est-ce pas lui qui est le véritable enfant de cette terre sainte de l'Argavarta?

Aussi voit-on ces admirables fauves répandus sur toute la surface de la péninsule, et n'ont-ils pas abandonné un seul des districts de leurs ancêtres, depuis le cap Comorin jusqu'à la barrière himalayenne ! »

Et le bras de Mathias Van Guitt, après avoir figuré un promontoire avancé du sud, remonta au nord pour dessiner toute une crête de montagnes.

« Dans le Sunderbund, reprit-il, ils sont chez eux ! Là, ils règnent en maîtres, et malheur à qui tenterait de leur disputer ce territoire ! Dans les Nilgheries, ils rôdent en masse, comme des chats sauvages,

Si parva licet componere magnis !

Vous comprendrez, dès lors, pourquoi ces félins superbes sont demandés sur tous les marchés de l'Europe et font l'orgueil des belluaires ! Quelle est la grande attraction des ménageries publiques ou privées ? Le tigre ! Quand craignez-vous pour la vie du dompteur ? Lorsque le dompteur entre dans la cage du tigre ! Quel animal les rajahs payent-ils au poids de l'or pour l'ornement de leurs jardins royaux ? Le tigre ! Qui fait prime aux bourses animalières de Londres, d'Anvers, de Hambourg ? Le tigre ! Dans quelles chasses s'illustrent les chasseurs indiens, officiers de l'armée royale ou de l'armée native ? Dans la chasse au tigre ! Savez-vous, messieurs, quel plaisir les souverains de l'Inde indépendante offrent à leurs hôtes ? On amène un tigre royal dans une cage. La cage est placée au milieu d'une vaste plaine. Le rajah, ses invités, ses officiers, ses gardes, sont armés de lances, de revolvers et de carabines, et pour la plupart montés sur de vaillants solipèdes...

— Solipèdes ? dit le capitaine Hod.

— Leurs chevaux, si vous préférez ce mot un peu vulgaire. Mais déjà ces solipèdes, effrayés par le voisinage du félin, son odeur sauvage, l'éclair qui jaillit de ses yeux, se cabrent, et il faut toute l'adresse de leurs cavaliers pour les retenir. Soudain, la porte de la cage est ouverte ! Le monstre s'élance, il bondit, il vole, il se jette sur les groupes épars, il immole à sa rage une hécatombe de victimes ! Si quelquefois il parvient à briser le cercle de fer et de feu qui l'étreint, le plus souvent il succombe, un contre cent ! Mais, au moins, sa mort est glorieuse, elle est vengée d'avance !

— Bravo ! monsieur Mathias Van Guitt, s'écria le capitaine Hod, qui s'animait à son tour. Oui ! cela doit être un beau spectacle ! Oui ! le tigre est le roi des animaux !

— Une royauté qui défie les révolutions! ajouta le fournisseur.

— Et si vous en avez pris, monsieur Van Guitt, répondit le capitaine Hod, moi j'en ai tué, et j'espère ne pas quitter le Tarryani avant que le cinquantième ne soit tombé sous mes coups!

— Capitaine, dit le fournisseur en fronçant le sourcil, je vous ai abandonné les sangliers, les loups, les ours, les buffles! Cela ne suffit donc pas à votre rage de chasseur? »

Je vis que notre ami Hod allait « s'emballer » avec autant d'entrain que Mathias Van Guitt sur cette question palpitante.

L'un avait-il pris plus de tigres que l'autre n'en avait tué? quelle matière à discussion! Valait-il mieux les capturer que les détruire? quelle thèse à faire valoir!

Tous deux, le capitaine et le fournisseur, commençaient déjà à échanger des phrases rapides, et, pour tout dire, à parler à la fois, sans plus se comprendre.

Banks intervint.

« Les tigres, dit-il, sont les rois de la création, c'est entendu, messieurs, mais je me permettrai d'ajouter que ce sont des rois très dangereux pour leurs sujets. En 1862, si je ne me trompe, ces excellents félins ont dévoré tous les télégraphistes de la station de l'île Sangor. On cite également une tigresse qui, en trois ans, n'a pas fait moins de cent dix-huit victimes, et une autre qui, dans le même espace de temps, a détruit cent vingt-sept personnes. C'est trop, même pour des reines ! Enfin, depuis le désarmement des Cipayes, dans un intervalle de trois ans, douze mille cinq cent cinquante-quatre individus ont péri sous la dent des tigres.

— Mais, monsieur, répondit Mathias Van Guitt, vous semblez oublier que ces animaux sont omophages?

— Omophages? dit le capitaine Hod.

— Oui, mangeurs de chair crue, et même les Indous prétendent que, lorsqu'ils ont goûté une fois de la chair humaine, ils n'en veulent plus d'autre !

— Eh bien, monsieur?... dit Banks.

— Eh bien, monsieur, répondit en souriant Mathias Van Guitt, ils obéissent à leur nature!... Il faut bien qu'ils mangent ! »

CHAPITRE IV

UNE REINE DU TARRYANI

Cette observation du fournisseur termina notre visite au kraal. L'heure était venue de regagner Steam-House.

En somme, le capitaine Hod et Mathias Van Guitt ne se séparaient pas les deux meilleurs amis du monde. Si l'un voulait détruire les fauves du Tarryani, l'autre voulait les prendre, et cependant il y en avait assez pour les contenter tous les deux.

Il fut pourtant convenu que les rapports seraient fréquents entre le kraal et le sanitarium. On s'avertirait réciproquement des beaux coups à faire. Les chikaris de Mathias Van Guitt, très au courant de ce genre d'expédition, connaissant les détours du Tarryani, étaient à même de rendre service au capitaine Hod, en lui signalant des passes d'animaux.

Le fournisseur les mit obligeamment à sa disposition, et plus spécialement Kâlagani. Cet Indou, bien que récemment entré dans le personnel du kraal, se montrait très entendu, et l'on pouvait absolument compter sur lui.

En revanche, le capitaine Hod promit d'aider, dans la limite de ses moyens, à la capture des fauves qui manquaient au stock de Mathias Van Guitt.

Avant de quitter le kraal, sir Edward Munro, qui ne comptait probablement pas y faire de fréquentes visites, remercia encore une fois Kâlagani, dont l'intervention l'avait sauvé. Il lui dit qu'il serait toujours le bienvenu à Steam-House.

L'Indou s'inclina froidement. Quelque sentiment de satisfaction qu'il éprouvât à entendre ainsi parler l'homme qui lui devait la vie, il n'en laissa rien paraître.

Nous étions rentrés pour l'heure du dîner. Mathias Van Guitt, on le pense bien, fit les frais de la conversation.

« Mille diables ! quels beaux gestes il vous a, ce fournisseur ! répétait le capitaine Hod. Quel choix de mots ! Quel tour d'expressions ! Seulement, s'il ne voit dans les fauves que des sujets d'exhibition, il se trompe ! »

Les jours suivants, 27, 28 et 29 juin, la pluie

4.

tomba avec une telle violence que nos chasseurs, si enragés qu'ils fussent, ne purent quitter Steam-House. Par ce temps horrible, d'ailleurs, les traces sont impossibles à reconnaître, et les carnassiers, qui n'aiment pas plus l'eau que les chats, ne quittent pas volontiers leur gîte.

Le 30 juillet, meilleur temps, meilleure apparence du ciel. Ce jour-là, le capitaine Hod, Fox, Goûmi et moi, nous fîmes nos préparatifs pour descendre au kraal.

Pendant la matinée, quelques montagnards vinrent nous rendre visite. Ils avaient entendu dire qu'une pagode miraculeuse s'était transportée dans la région de l'Himalaya, et un vif sentiment de curiosité venait de les conduire à Steam-House.

Beaux types que ceux de cette race de la frontière thibétaine, indigènes aux vertus guerrières, d'une loyauté à toute épreuve, pratiquant largement l'hospitalité, bien supérieurs, moralement et physiquement, aux Indous des plaines.

Si la prétendue pagode les émerveilla, le Géant d'Acier les impressionna jusqu'à provoquer de leur part des signes d'adoration. Il était au repos, cependant. Qu'auraient-ils donc éprouvé, ces braves gens, s'ils l'avaient vu, vomissant fumée et flamme, gravir d'un pas assuré les rudes rampes de leurs montagnes!

Le colonel Munro fit bon accueil à ces indigènes, dont quelques-uns parcourent le plus habituellement les territoires du Népaul, à la limite indo-chinoise. La conversation porta un instant sur cette partie de la frontière où Nana Sahib avait cherché refuge, après la défaite des Cipayes, lorsqu'il fut traqué sur tout le territoire de l'Inde.

Ces montagnards ne savaient, en somme, que ce que nous savions nous-mêmes. Le bruit de la mort du nabab était venu jusqu'à eux, et ils ne paraissaient pas la mettre en doute. Quant à ceux de ses compagnons qui lui avaient survécu, il n'en était plus question. Peut-être avaient-ils été chercher un asile plus sûr jusque dans les profondeurs du Thibet; mais les retrouver dans cette contrée eût été difficile.

En vérité, si le colonel Munro avait eu cette pensée, en s'élevant vers le nord de la péninsule, de tirer au clair tout ce qui touchait de près ou de loin à Nana Sahib, cette réponse était bien faite pour l'en détourner. Cependant, en écoutant ces montagnards, il resta songeur et ne prit plus part à la conversation.

Le capitaine Hod, lui, leur posa quelques questions, mais à un tout autre point de vue. Ils lui apprirent que des fauves, plus particulièrement des tigres, faisaient d'effrayants ravages dans la zone inférieure de l'Himalaya. Des fermes et même des villages entiers avaient dû être abandonnés par leurs habitants. Plusieurs troupeaux de chèvres et de moutons étaient déjà détruits, et l'on comptait aussi de nombreuses victimes parmi les indigènes. Malgré la prime considérable offerte au nom du gouvernement, — trois cents roupies par tête de tigre, — le nombre de ces félins ne semblait pas diminuer, et l'on se demandait si l'homme n'en serait pas bientôt réduit à leur céder la place.

Les montagnards ajoutèrent aussi ce renseignement : c'est que les tigres ne se confinaient pas seulement dans le Tarryani. Partout où la plaine leur offrait de hautes herbes, des jungles, des buissons dans lesquels ils pouvaient se mettre à l'affût, on les rencontrait en grand nombre.

« Malfaisantes bêtes ! » dirent-ils.

Ces braves gens, et pour cause, on le voit, ne professaient pas à l'endroit des tigres les mêmes idées que le fournisseur Mathias Van Guitt et notre ami le capitaine Hod.

Les montagnards se retirèrent, enchantés de l'accueil qu'ils avaient reçu, et promirent de renouveler leur visite à Steam-House.

Après leur départ, nos préparatifs étant achevés, le capitaine Hod, nos deux compagnons et moi, bien armés, prêts à toute rencontre, nous descendîmes vers le Tarryani.

En arrivant à la clairière, où se dressait le piège dont nous avions si heureusement extrait Mathias Van Guitt, celui-ci se présenta à nos yeux, non sans quelque cérémonie.

Cinq ou six de ses gens, et, dans le nombre, Kâlagani, étaient occupés à faire passer du piège dans une cage roulante un tigre qui s'était laissé prendre pendant la nuit.

Magnifique animal, en vérité, et s'il fit envie au capitaine Hod, cela va sans dire !

« Un de moins dans le Tarryani ! murmura-t-il entre deux soupirs, qui trouvèrent un écho dans la poitrine de Fox.

— Un de plus dans la ménagerie, répondit le fournisseur. Encore deux tigres, un lion, deux léopards, et je serai en mesure de faire honneur à mes engagements avant la fin de la campagne. Venez-vous avec moi au kraal, messieurs ?

— Nous vous remercions, dit le capitaine Hod ; mais, aujourd'hui, nous chassons pour notre compte.

— Kâlagani est à votre disposition, capitaine Hod, répondit le fournisseur. Il connaît bien la forêt et peut vous être utile.

— Nous l'acceptons volontiers pour guide.

— Maintenant, messieurs, ajouta Mathias Van Guitt, bonne chance! Mais promettez-moi de ne pas tout massacrer!

— Nous vous en laisserons! » répondit le capitaine Hod.

Et Mathias Van Guitt, nous saluant d'un geste superbe, disparut sous les arbres à la suite de la cage roulante.

« En route, dit le capitaine Hod, en route, mes amis. A mon quarante-deuxième!

— A mon trente-huitième! répondit Fox.

— A mon premier! » ajoutai-je.

Mais le ton avec lequel je prononçai ces mots fit sourire le capitaine. Évidemment, je n'avais pas le feu sacré.

Hod s'était retourné vers Kâlagani.

« Tu connais bien le Tarryani? lui demanda-t-il.

— Je l'ai vingt fois parcouru, nuit et jour, dans toutes les directions, répondit l'Indou.

— As-tu entendu dire qu'un tigre ait été plus particulièrement signalé aux environs du kraal?

— Oui, mais ce tigre est une tigresse. Elle a été vue à deux milles d'ici, dans le haut de la forêt, et, depuis quelques jours, on cherche à s'en emparer. Voulez-vous que...

— Si nous voulons! » répondit le capitaine Hod,

sans laisser à l'Indou le temps d'achever sa phrase.

En effet, nous n'avions rien de mieux à faire qu'à suivre Kâlagani, et c'est ce qui fut fait.

Il n'est pas douteux que les fauves ne soient très nombreux dans le Tarryani, et là, comme ailleurs, il ne leur faut pas moins de deux bœufs par semaine pour leur consommation particulière! Calculez ce que cet « entretien » coûte à la péninsule entière!

Mais si les tigres y sont en grand nombre, qu'on ne s'imagine pas qu'ils courent les territoires sans nécessité. Tant que la faim ne les pousse pas, ils restent cachés dans leurs repaires, et ce serait une erreur de penser qu'on les rencontre à chaque pas. Combien de voyageurs ont parcouru les forêts ou les jungles, sans en avoir jamais vu! Aussi, lorsqu'une chasse s'organise, doit-on commencer par reconnaître les passes habituelles de ces animaux, et, surtout, découvrir le ruisseau ou la source à laquelle ils vont ordinairement se désaltérer.

Cela ne suffit même pas, et il faut encore les attirer. On le fait assez facilement, en plaçant un quartier de bœuf, attaché à un poteau, dans quelque endroit entouré d'arbres ou de rochers, qui peuvent servir d'abri aux chasseurs. C'est ainsi, du moins, que l'on procède en forêt.

En plaine, c'est autre chose, et l'éléphant devient le plus utile auxiliaire de l'homme dans ces dangereuses chasses à courre. Mais ces animaux doivent être parfaitement dressés à cette manœuvre. Malgré tout, ils sont parfois pris de paniques, ce qui rend très périlleuse la position des chasseurs juchés sur leur dos. Il convient de dire aussi que le tigre n'hésite pas à se jeter sur l'éléphant. La lutte entre l'homme et lui se fait alors sur le dos du gigantesque pachyderme, qui s'emporte, et il est rare qu'elle ne se termine pas à l'avantage du fauve.

C'est ainsi, cependant, que s'accomplissent les grandes chasses des rajahs et des riches sportsmen de l'Inde, dignes de figurer dans les annales cynégétiques.

Mais telle n'était point la manière de procéder du capitaine Hod. C'était à pied qu'il s'en allait à la recherche des tigres, c'était à pied qu'il avait coutume de les combattre.

Cependant, nous suivions Kâlagani, qui marchait d'un bon pas. Réservé comme un Indou, il causait peu et se bornait à répondre brièvement aux questions qui lui étaient posées.

Une heure après, nous faisions halte près d'un ruisseau torrentueux, dont les berges portaient des empreintes d'animaux, fraîches encore. Au milieu d'une petite clairière se dressait un poteau, auquel pendait tout un quartier de bœuf.

L'appât n'avait pas été entièrement respecté. Il venait d'être récemment déchiqueté par la dent des chacals, ces filous de la faune indienne, toujours en quête de quelque proie, cette proie ne leur fût-elle pas destinée. Une douzaine de ces carnassiers s'enfuirent à notre approche et nous laissèrent la place libre.

« Capitaine, dit Kâlagani, c'est ici que nous allons attendre la tigresse. Vous voyez que l'endroit est favorable pour un affût. »

En effet, il était facile de se poster dans les arbres ou derrière les roches, de manière à pouvoir croiser ses feux sur le poteau isolé au milieu de la clairière.

C'est ce qui fut fait immédiatement. Goûmi et moi, nous avions pris place sur la même branche. Le capitaine Hod et Fox, tous deux perchés à la première bifurcation de deux grands chênes verts, se faisaient vis-à-vis.

Kâlagani, lui, s'était à demi caché derrière une haute roche, qu'il pouvait gravir si le danger devenait imminent.

L'animal serait ainsi pris dans un cercle de feux, dont il ne pourrait sortir. Toutes les chances étaient donc contre lui, bien qu'il fallût, pourtant, compter avec l'imprévu.

Nous n'avions plus qu'à attendre.

Les chacals, dispersés çà et là, faisaient toujours entendre leurs rauques aboiements dans les taillis voisins, mais ils n'osaient plus venir s'attaquer au quartier de bœuf.

Une heure ne s'était pas écoulée, que ces aboiements cessèrent subitement. Presque aussitôt, deux ou trois chacals bondirent hors du fourré, traversèrent la clairière et disparurent au plus épais du bois.

Un signe de Kâlagani, qui se préparait à gravir la roche, nous prévint de nous tenir sur nos gardes.

En effet, cette fuite précipitée des chacals n'avait pu être provoquée que par l'approche de quelque fauve, — la tigresse sans doute, — et il fallait se préparer à la voir paraître d'un instant à l'autre sur quelque point de la clairière.

Nos armes étaient prêtes. Les carabines du capitaine Hod et de son brosseur, déjà braquées vers l'endroit du taillis d'où s'étaient échappés les chacals, n'attendaient qu'une pression de doigt pour éclater.

Bientôt, je crus voir se produire une légère agitation des branches supérieures du fourré. Un craquement de bois sec se fit entendre au même instant.

Un animal, quel qu'il fût, s'avançait, mais prudemment, sans se hâter. De ces chasseurs qui le guettaient à l'abri d'un épais feuillage, il ne pouvait évidemment rien voir. Toutefois, son instinct devait lui laisser pressentir que l'endroit n'était pas sûr pour lui. Très certainement, s'il n'eût été poussé par la faim, si le quartier de bœuf ne l'eût attiré par ses émanations, il ne se serait pas hasardé plus loin.

Il se montra, cependant, à travers les branches d'un buisson, et s'arrêta, par un sentiment de défiance.

C'était bien une tigresse, de grande taille, puissante de tête, souple de corps. Elle commença à s'avancer en se rasant, avec le mouvement ondulatoire d'un reptile.

D'un commun accord, nous la laissâmes s'approcher vers le poteau. Elle flairait la terre, elle se redressait, elle faisait le gros dos, comme un énorme chat qui ne cherche pas à bondir.

Soudain, deux coups de carabine éclatèrent.

« Quarante-deux ! cria le capitaine Hod.

— Trente-huit ! » cria Fox.

Le capitaine et son brosseur avaient tiré en même temps, et si juste, que la tigresse, frappée d'une balle au cœur, si ce n'est de deux, roulait sur le sol.

Kâlagani s'était précipité vers l'animal. Nous avions aussitôt sauté à terre.

La tigresse ne remuait plus.

Mais à qui revenait l'honneur de l'avoir mortellement frappée? Au capitaine ou à Fox? Cela importait, comme on pense!

La bête fut ouverte. Le cœur avait été traversé de deux balles.

« Allons, dit le capitaine Hod, non sans quelque regret, un demi à chacun de nous!

— Un demi, mon capitaine! » répondit Fox du même ton.

Et je crois que ni l'un ni l'autre n'aurait cédé la part qu'il convenait d'inscrire à son compte.

Tel fut ce coup merveilleux, dont le résultat le plus net était que l'animal avait succombé sans lutte, et, conséquemment, sans danger pour les assaillants, — résultat bien rare dans les chasses de ce genre.

Fox et Goûmi restèrent sur le champ de bataille, afin de dépouiller la bête de sa superbe fourrure, pendant que le capitaine Hod et moi nous revenions à Steam-House.

Mon intention n'est pas de noter par le menu les incidents de nos expéditions dans le Tarryani, à moins qu'ils ne présentent quelque caractère particulier. Je me borne donc à dire, dès à présent, que le capitaine Hod et Fox n'eurent point à se plaindre.

Le 10 juillet, pendant une chasse au houddi, c'est-à-dire à la hutte, une heureuse chance les favorisa encore, sans qu'ils eussent couru de réels dangers. Le houddi, d'ailleurs, est bien disposé pour l'affût des grands fauves. C'est une sorte de petit fortin crénelé, dont les murailles, percées de meurtrières, commandent les bords d'un ruisseau, auquel les animaux ont l'habitude d'aller boire. Accoutumés à voir ces constructions, ils ne peuvent se défier, et s'exposent directement aux coups de feu. Mais, là comme partout, il s'agit de les frapper mortellement d'une première balle, ou la lutte devient dangereuse, et le houddi ne met pas toujours le chasseur à l'abri des bonds formidables de ces bêtes que leur blessure rend furieuses.

Ce fut ce qui arriva précisément dans cette occasion, ainsi qu'on va le voir.

Mathias Van Guitt nous accompagnait. Peut-être espérait-il qu'un tigre, légèrement blessé, pourrait être emmené au kraal, où il se chargerait de le soigner et de le guérir.

Or, ce jour-là, notre troupe de chasseurs eut affaire à trois tigres, que la première décharge n'empêcha pas de s'élancer sur les murs du houddi. Les deux premiers, au grand chagrin du fournisseur, furent tués d'une seconde balle, lorsqu'ils franchissaient l'enceinte crénelée. Quant au troisième, il bondit jusque dans l'intérieur, l'épaule en sang, mais non mortellement touché.

« Celui-là, nous l'aurons ! s'écria Mathias Van Guitt, qui s'aventurait quelque peu en parlant ainsi, nous l'aurons vivant !... »

Il n'avait pas achevé son imprudente phrase, que l'animal se précipitait sur lui, le renversait, et c'en était fait du fournisseur, si une balle du capitaine Hod n'eût frappé à la tête le tigre, qui tomba foudroyé.

Mathias Van Guitt s'était relevé lestement.

« Eh ! capitaine, s'écria-t-il, au lieu de remercier notre compagnon, vous auriez bien pu attendre !...

— Attendre... quoi ?... répondit le capitaine Hod... Que cet animal vous eût ouvert la poitrine d'un coup de griffe ?

— Un coup de griffe n'est pas mortel !...

— Soit ! répliqua tranquillement le capitaine Hod. Une autre fois, j'attendrai ! »

Quoi qu'il en soit, la bête, hors d'état de figurer dans la ménagerie du kraal, n'était plus bonne qu'à faire une descente de lit ; mais cette heureuse expédition porta à quarante-deux pour le capitaine et à trente-huit pour son brossour le chiffre des tigres tués par eux, sans compter la demi-tigresse qui figurait déjà à leur actif.

Il ne faudrait pas croire que ces grandes chasses nous fissent oublier les petites. Monsieur Parazard ne l'eût pas permis. Antilopes, chamois, grosses outardes, qui étaient très nombreuses autour de Steam-House, perdrix, lièvres, fournissaient à notre table une grande variété de gibier.

Lorsque nous allions courir le Tarryani, il était rare que Banks se joignît à nous. Si ces expéditions commençaient à m'intéresser, lui n'y mordait guère. Les zones supérieures de l'Himalaya lui offraient évidemment plus d'attrait, et il se plaisait à ces excursions, surtout lorsque le colonel Munro consentait à l'accompagner.

Mais, une ou deux fois seulement, les promenades de l'ingénieur se firent dans ces conditions. Il avait pu observer que, depuis son installation au sanitarium, sir Edward Munro était redevenu soucieux. Il parlait moins, il se tenait plus à l'écart, il conférait quelquefois avec le sergent Mac Neil. Méditaient-ils donc tous deux quelque nouveau projet qu'ils voulaient cacher, même à Banks?

Le 13 juillet, Mathias Van Guitt vint nous rendre visite. Moins favorisé que le capitaine Hod, il n'avait pu ajouter un nouvel hôte à sa ménagerie. Ni tigres, ni lions, ni léopards, ne paraissaient disposés à se laisser prendre. L'idée d'aller s'exhiber dans les contrées de l'extrême Occident ne les séduisait pas, sans doute. De là, un très réel dépit que le fournisseur ne cherchait pas à dissimuler.

Kâlagani et deux chikaris de son personnel accompagnaient Mathias Van Guitt pendant cette visite.

L'installation du sanitarium, dans cette situation charmante, lui plut infiniment. Le colonel Munro le pria de rester à dîner. Il accepta avec empressement, et promit de faire honneur à notre table.

En attendant le dîner, Mathias Van Guitt voulut visiter Steam-House, dont le confort contrastait avec sa modeste installation du kraal. Les deux maisons roulantes provoquèrent de sa part quelque compliment; mais je dois avouer que le Géant d'Acier n'excita point son admiration. Un naturaliste tel que lui ne pouvait que rester insensible devant ce chef-d'œuvre de mécanique. Comment eût-il approuvé, si remarquable qu'elle fût, la création de cette bête artificielle!

« Ne pensez pas de mal de notre éléphant, monsieur Mathias Van Guitt! lui dit Banks. C'est un puissant animal, et, s'il le fallait, il ne serait pas embarrassé de traîner, avec nos deux chars, toutes les cages de votre ménagerie roulante!

« — J'ai mes buffles, répondit le fournisseur, et je préfère leur pas tranquille et sûr.

— Le Géant d'Acier ne craint ni la griffe ni la dent des tigres ! s'écria le capitaine Hod.

— Sans doute, messieurs, repondit Mathias Van Guitt, mais pourquoi les fauves l'attaqueraient-ils ? Ils font peu de cas d'une chair de tôle ! »

En revanche, si le naturaliste ne dissimula pas son indifférence pour notre éléphant, ses Indous, et Kâlagani plus particulièrement, ne cessaient de le dévorer des yeux. On sentait que, dans leur admiration pour le gigantesque animal, il entrait une certaine dose de superstitieux respect.

Kâlagani parut même très surpris lorsque l'ingénieur répéta que le Géant d'Acier était plus puissant que tout l'attelage du kraal. Ce fut une occasion pour le capitaine Hod de raconter, non sans quelque fierté, notre aventure avec les trois « proboscidiens » du prince Gourou Singh. Un certain sourire d'incrédulité erra sur les lèvres du fournisseur, mais il n'insista pas.

Le dîner se passa dans des conditions excellentes. Mathias Van Guitt lui fit largement honneur. Il faut dire que l'office était agréablement garni des produits de nos dernières chasses, et que monsieur Parazard avait tenu à se surpasser.

5.

La cave de Steam-House fournit aussi quelques boissons variées, que parut apprécier notre hôte, surtout deux ou trois verres de vin de France, dont l'absorption fut suivie d'un claquement de langue incomparable.

Si bien qu'après dîner, au moment de nous séparer, on put juger, à « l'incertitude de sa déambulation », que, si le vin lui montait à la tête, il lui descendait aussi dans les jambes.

La nuit venue, on se sépara les meilleurs amis du monde, et, grâce à ses compagnons de route, Mathias Van Guitt put regagner le kraal sans encombre.

Cependant, le 16 juillet, un incident faillit amener la brouille entre le fournisseur et le capitaine Hod.

Un tigre fut tué par le capitaine, au moment où il allait entrer dans un des pièges à bascule. Mais si celui-là fit son quarante-troisième, il ne fit pas le huitième du fournisseur.

Toutefois, après un échange d'explications un peu vives, les bons rapports furent repris, grâce à l'intervention du colonel Munro, et le capitaine Hod s'engagea à respecter les fauves, qui « auraient l'intention » de se faire prendre dans les pièges de Mathias Van Guitt.

Pendant les jours suivants, le temps fut détestable. Il fallut, bon gré mal gré, rester à Steam-House.

Nous avions hâte que la saison des pluies touchât à sa fin, — ce qui ne pouvait tarder, puisqu'elle durait déjà depuis plus de trois mois. Si le programme de notre voyage s'exécutait dans les conditions que Banks avait établies, il ne nous restait plus que six semaines à passer au sanitarium.

Le 23 juillet, quelques montagnards de la frontière vinrent rendre une seconde fois visite au colonel Munro. Leur village, nommé Souari, n'était situé qu'à cinq milles de notre campement, presque à la limite supérieure du Tarryani.

L'un d'eux nous apprit que, depuis quelques semaines, une tigresse faisait d'effrayants ravages sur cette partie du territoire. Les troupeaux étaient décimés, et l'on parlait déjà d'abandonner Souari, devenu inhabitable. Il n'y avait plus de sécurité, ni pour les animaux domestiques, ni pour les gens. Pièges, trappes, affûts, rien n'avait eu raison de cette féroce bête, qui prenait déjà rang parmi les plus redoutables fauves dont les vieux montagnards eussent jamais entendu parler.

Ce récit, on le pense, était bien fait pour surexciter les instincts du capitaine Hod. Il offrit immédiatement aux montagnards de les accompagner au village de Souari, tout disposé à mettre son expérience de chasseur et la sûreté de son coup d'œil au service de ces braves gens, qui, je l'imagine, comptaient un peu sur cette offre.

« Viendrez-vous, Maucler? me demanda le capitaine Hod, du ton d'un homme que ne cherche point à influencer une détermination.

— Certainement, répondis-je. Je ne veux pas manquer une expédition aussi intéressante !

— Je vous accompagnerai, cette fois, dit l'ingénieur.

— Voilà une excellente idée, Banks.

— Oui, Hod ! J'ai un vif désir de vous voir à l'œuvre.

— Est-ce que je n'en serai pas, mon capitaine? demanda Fox.

— Ah! l'intrigant! s'écria le capitaine Hod. Il ne serait pas fâché de compléter sa demi-tigresse ! Oui, Fox ! oui ! tu en seras ! »

Comme il s'agissait de quitter Steam-House pour trois ou quatre jours, Banks demanda au colonel s'il lui conviendrait de nous accompagner au village de Souari.

Sir Edward Munro le remercia. Il se proposait de profiter de notre absence pour visiter la zone moyenne de l'Himalaya, au-dessus du Tarryani, avec Goûmi et le sergent Mac Neil.

Banks n'insista pas.

Il fut donc décidé que nous partirions le jour même pour le kraal, afin d'emprunter à Mathias Van Guitt quelques-uns de ses chikaris, qui pouvaient nous être utiles.

Une heure après, vers midi, nous étions arrivés. Le fournisseur fut mis au courant de nos projets. Il ne cacha point sa secrète satisfaction, en apprenant les exploits de cette tigresse, « bien faite, dit-il, pour rehausser dans l'esprit des connaisseurs la réputation des félins de la péninsule. » Puis, il mit à notre disposition trois de ses Indous, sans compter Kâlagani, toujours prêt à marcher au danger.

Il fut seulement bien entendu avec le capitaine Hod, que si, par impossible, cette tigresse se laissait prendre vivante, elle appartiendrait de droit à la ménagerie de Mathias Van Guitt. Quelle attraction, lorsqu'une notice, appendue aux barreaux de sa cage, raconterait en chiffres éloquents les hauts faits de « l'une des reines du Tarryani, qui n'a pas dévoré moins de cent trente-huit personnes des deux sexes! »

Notre petite troupe quitta le kraal vers deux heures de l'après-midi. Avant quatre heures, après avoir remonté obliquement dans l'est, elle arrivait à Souari sans incidents.

La panique était là à son comble. Dans la matinée

même, une malheureuse Indoue, inopinément surprise par la tigresse près d'un ruisseau, avait été emportée dans la forêt.

La maison de l'un des montagnards, riche fermier anglais du territoire, nous reçut hospitalièrement. Notre hôte avait eu plus que tout autre à se plaindre de l'imprenable fauve, et il eût volontiers payé sa peau de plusieurs milliers de roupies.

« Capitaine Hod, dit-il, il y a quelques annnées, dans les provinces du centre, une tigresse a obligé les habitants de treize villages à prendre la fuite, et deux cent cinquante milles carrés de bon sol ont dû rester en friche! Eh bien, ici, pour peu que cela continue, ce sera la province entière qu'il faudra abandonner!

— Vous avez employé tous les moyens de destruction possibles contre cette tigresse? demanda Banks.

— Tous, monsieur l'ingénieur, pièges, fosses, même les appâts préparés à la strychnine! Rien n'a réussi!

— Mon ami, dit le capitaine Hod, je n'affirme pas que nous arriverons à vous donner satisfaction, mais nous ferons de notre mieux! »

Dès que notre installation à Souari eut été achevée, une battue fut organisée le jour même. A nous, à nos gens, aux chikaris du kraal, se joignirent une vingtaine de montagnards, qui connaissaient parfaitement le territoire sur lequel il s'agissait d'opérer.

Banks, si peu chasseur qu'il fût, me parut devoir suivre notre expédition avec le plus vif intérêt.

Pendant trois jours, les 24, 25 et 26 juillet, toute cette partie de la montagne fut fouillée, sans que nos recherches eussent amené aucun résultat, si ce n'est que deux autres tigres, auxquels on ne songeait guère, tombèrent encore sous la balle du capitaine.

« Quarante-cinq ! » se contenta de dire Hod, sans y ajouter autrement d'importance.

Enfin, le 27, la tigresse signala son apparition par un nouveau méfait. Un buffle, appartenant à notre hôte, disparut d'un pâturage voisin de Souari, et l'on n'en retrouva plus que les restes à un quart de mille du village. L'assassinat, — meurtre avec préméditation, eût dit un légiste, — s'était accompli un peu avant le lever du jour. L'assassin ne pouvait être loin.

Mais l'auteur principal du crime, était-ce bien cette tigresse, si inutilement recherchée jusqu'alors ?

Les Indous de Souari n'en doutèrent pas.

« C'est mon oncle, ce ne peut être que lui, qui a fait le coup ! » nous dit un des montagnards.

Mon oncle ! C'est ainsi que les Indous désignent généralement le tigre dans la plupart des territoires de la péninsule. Cela tient à ce qu'ils croient que chacun de leurs ancêtres est logé pour l'éternité dans le corps de l'un de ces membres de la famille des félins.

Cette fois, ils auraient pu plus justement dire : C'est ma tante !

La décision fut aussitôt prise de se mettre en quête de l'animal, sans même attendre la nuit, puisque la nuit lui permettrait de se mieux dérober aux recherches. Il devait être repu, d'ailleurs, et n'aurait plus quitté son repaire avant deux ou trois jours.

On se mit en campagne. A partir de l'endroit où le buffle avait été saisi, des empreintes sanglantes marquaient le chemin suivi par la tigresse. Ces empreintes se dirigeaient vers un petit taillis, qui avait été battu déjà plusieurs fois, sans qu'on y pût rien découvrir. On résolut donc de cerner ce taillis, de manière à former un cercle que l'animal ne pourrait pas franchir, du moins sans être vu.

Les montagnards se dispersèrent de manière à se rabattre peu à peu vers le centre, en rétrécissant leur cercle. Le capitaine Hod, Kâlagani et moi, nous étions d'un côté, Banks et Fox de l'autre, mais en constante communication avec les gens du kraal et ceux du village. Évidemment, chaque point de cette circonférence était dangereux, puisque, sur chaque point, la tigresse pouvait essayer de la rompre.

Nul doute, d'ailleurs, que l'animal ne fût dans le taillis. En effet, les empreintes, qui y aboutissaient par un côté, ne reparaissaient pas de l'autre. Que là fût sa retraite habituelle, ce n'était pas prouvé, car on l'y avait déjà cherché sans succès; mais, en ce moment, toutes les présomptions étaient pour que ce taillis lui servît de refuge.

Il était alors huit heures du matin. Toutes les dispositions prises, nous avancions peu à peu, sans bruit, en resserrant de plus en plus le cercle d'investissement. Une demi-heure après, nous étions à la limite des premiers arbres.

Aucun incident ne s'était produit, rien ne dénonçait la présence de l'animal, et, pour mon compte, je me demandais si nous ne manœuvrions pas en pure perte.

A ce moment, il n'était plus possible de se voir qu'à ceux qui occupaient un arc restreint de la circonférence, et il importait, cependant, de marcher avec un parfait ensemble.

Il avait donc été préalablement convenu qu'un coup de fusil serait tiré au moment où le premier de nous pénétrerait dans le bois.

Le signal fut donné par le capitaine Hod, qui était toujours en avant, et la lisière fut franchie. Je regardai l'heure à ma montre. Elle marquait alors huit heures trente-cinq.

Un quart d'heure après, le cercle s'étant resserré, on se touchait les coudes, et l'on s'arrêtait dans la partie la plus épaisse du taillis, sans avoir rien rencontré.

Le silence n'avait été troublé jusque-là que par le bruit des branches sèches qui, quelques précautions que l'on prît, s'écrasaient sous nos pieds.

En ce moment, un hurlement se fit entendre.

« La bête est là! » s'écria le capitaine Hod, en montrant l'orifice d'une caverne, creusée dans un amoncellement de rocs que couronnait un groupe de grands arbres.

Le capitaine Hod ne se trompait pas. Si ce n'était pas le repaire habituel de la tigresse, c'était là du moins qu'elle s'était réfugiée, se sentant traquée par toute une bande de chasseurs.

Hod, Banks, Fox, Kâlagani, plusieurs des gens du kraal, nous nous étions approchés de l'étroite ouverture, à laquelle venaient aboutir les empreintes sanglantes.

« Il faut pénétrer là dedans, dit le capitaine Hod.

— Manœuvre dangereuse! fit observer Banks. Il

y a risque de blessures graves pour le premier qui entrera.

— J'entrerai, cependant! dit Hod, en s'assurant que sa carabine était prête à faire feu.

— Après moi, mon capitaine! répondit Fox, qui se baissa vers l'ouverture de la caverne.

— Non, Fox, non! s'écria Hod. Ceci me regarde!

— Ah! mon capitaine! répondit doucement Fox, avec un accent de reproche, je suis en retard de sept!... »

Ils en étaient à compter leurs tigres dans un pareil moment!

« Ni l'un ni l'autre vous n'entrerez là! s'écria Banks. Non! Je ne vous laisserai pas...

— Il y aurait peut-être un moyen, dit alors Kâlagani, en interrompant l'ingénieur.

— Lequel?

— Ce serait d'enfumer ce repaire, répondit l'Indou. L'animal serait forcé de déguerpir. Nous aurions moins de risques et plus de facilité pour le tuer au dehors.

— Kâlagani a raison, dit Banks. Allons, mes amis, du bois mort, des herbes sèches! Obstruez-moi convenablement cette ouverture! Le vent chassera les flammes et la fumée à l'intérieur. Il faudra bien que la bête se laisse griller ou se sauve!

— Elle se sauvera, reprit l'Indou.

— Soit! répondit le capitaine Hod. Nous serons là pour la saluer au passage! »

En un instant, des broussailles, des herbes sèches, du bois mort, — et il n'en manquait pas dans ce taillis, — tout un amas de matières combustibles fut empilé devant l'entrée de la caverne.

Rien n'avait bougé à l'intérieur. Rien n'apparaissait dans ce boyau sombre, qui devait être assez profond. Cependant, nos oreilles n'avaient pu nous tromper. Le hurlement était certainement parti de là.

Le feu fut mis aux herbes, et le tout flamba. De ce foyer se dégageait une fumée âcre et épaisse que le vent rabattit, et qui devait rendre l'air irrespirable au dedans.

Un second rugissement, plus furieux que le premier, éclata alors. L'animal se sentait acculé dans son dernier retranchement, et, pour ne pas être suffoqué, il allait être contraint de s'élancer au dehors.

Nous l'attendions, postés en équerre sur les faces latérales du rocher, à demi couverts par les troncs d'arbres, de manière à éviter le choc d'un premier bond.

Le capitaine, lui, avait choisi une autre place, et,

il faut bien en convenir, la plus périlleuse. C'était à l'entrée d'une trouée du taillis, la seule qui pût livrer passage à la tigresse, lorsqu'elle essayerait de fuir à travers le bois. Hod avait mis un genou en terre, afin de mieux assurer son coup, et sa carabine était solidement épaulée ; tout son être avait l'immobilité d'un marbre.

Trois minutes s'étaient écoulées à peine depuis le moment où le feu avait été mis au tas de bois, qu'un troisième hurlement, ou plutôt, cette fois, un râle de suffocation, retentit à l'orifice du repaire. Le foyer fut dispersé en un instant, et un énorme corps apparut dans les tourbillons de fumée.

C'était bien la tigresse.

« Feu ! » cria Banks.

Dix coups de fusil éclatèrent, mais nous pûmes constater plus tard qu'aucune balle n'avait touché l'animal. Son apparition avait été trop rapide. Comment l'eût-on pu viser avec quelque justesse au milieu des volutes de vapeur qui l'enveloppaient ?

Mais, après son premier bond, si la tigresse avait touché terre, ce n'avait été que pour reprendre un point d'appui et s'élancer vers le fourré par un autre bond plus allongé encore.

Le capitaine Hod attendait l'animal avec le plus grand sang-froid, et, le saisissant pour ainsi dire au vol, il lui envoya une balle qui ne l'atteignit qu'au défaut de l'épaule.

Dans la durée d'un éclair, la tigresse s'était précipitée sur notre compagnon, elle l'avait renversé, elle allait lui fracasser la tête d'un coup de ses formidables pattes...

Kâlagani bondit, un large couteau à la main.

Le cri qui nous échappa durait encore, que le courageux Indou, tombant sur le fauve, le saisissait à la gorge au moment où sa griffe droite allait s'abattre sur le crâne du capitaine.

L'animal, détourné par cette brusque attaque, renversa l'Indou d'un mouvement de hanche, et s'acharna contre lui.

Mais le capitaine Hod s'était relevé d'un bond, et, ramassant le couteau que Kâlagani avait laissé tomber, d'une main sûre il le plongea tout entier dans le cœur de la bête.

La tigresse roula à terre.

Cinq secondes au plus avaient suffi aux diverses péripéties de cette émouvante scène.

Le capitaine Hod était encore à genoux quand nous arrivâmes près de lui. Kâlagani, l'épaule ensanglantée, venait de se relever.

« Bag mahryaga! Bag mahryaga! » criaient les Indous, — ce qui signifiait : la tigresse est morte !

Oui, bien morte! Quel superbe animal! Dix pieds de longueur du museau à l'extrémité de la queue, taille à proportion, des pattes énormes, armées de longues griffes acérées, qui semblaient avoir été affûtées sur la meule de l'aiguiseur!

Tandis que nous admirions ce fauve, les Indous, très rancuniers et à bon droit, l'accablaient d'invectives. Quant à Kâlagani, il s'était approché du capitaine Hod.

« Merci, capitaine! dit il.

— Comment! merci? s'écria Hod. Mais c'est bien moi, mon brave, qui te dois des remerciements! Sans ton aide, c'en était fait de l'un des capitaines du 1er escadron de carabiniers de l'armée royale!

— Sans vous, je serais mort! répondit froidement l'Indou.

— Eh! mille diables! Ne t'es-tu pas élancé, le couteau à la main, pour poignarder cette tigresse, au moment où elle allait me fracasser le crâne!

— C'est vous qui l'avez tuée, capitaine, et cela fait votre quarante-sixième!

— Hurrah! hurrah! crièrent les Indous! Hurrah pour le capitaine Hod! »

Et, en vérité, le capitaine avait bien le droit de porter cette tigresse à son compte, mais il paya Kâlagani d'une bonne poignée de main.

« Revenez à Steam-House, dit Banks à Kâlagani. Vous avez l'épaule déchirée d'un coup de griffe, mais nous trouverons dans la pharmacie de voyage de quoi soigner votre blessure. »

Kâlagani s'inclina en signe d'acquiescement, et tous, après avoir pris congé des montagnards de Souari, qui n'épargnèrent pas leurs remerciements, nous nous dirigeâmes vers le sanitarium.

Les chikaris nous quittèrent pour retourner au kraal.

Cette fois encore, ils y revenaient les mains vides, et si Mathias Van Guitt avait compté sur cette « reine du Tarryani », il lui faudrait en faire son deuil. Il est vrai que, dans ces conditions, il eût été impossible de la prendre vivante.

Vers midi, nous étions arrivés à Steam-House. Là, incident inattendu. A notre extrême désappointement, le colonel Munro, le sergent Mac Neil et Goûmi étaient partis.

Un billet, adressé à Banks, lui disait de ne pas s'inquiéter de leur absence, que sir Edward Munro, désireux de pousser une reconnaissance jusqu'à la frontière du Népaul, voulait encore éclaircir certains doutes relatifs aux compagnons de Nana Sahib, et qu'il serait de retour avant l'époque à laquelle nous devions quitter l'Himalaya.

A la lecture de ce billet, il me sembla qu'un mouvement de contrariété, presque involontaire, échappait à Kâlagani.

Pourquoi ce mouvement? Je me trompais, sans doute.

CHAPITRE V

ATTAQUE NOCTURNE

Le départ du colonel n'était pas sans nous laisser de vives inquiétudes. Il se rattachait évidemment à un passé que nous avions cru fermé à jamais. Mais que faire? Se lancer sur les traces de sir Edward Munro? Nous ignorions quelle direction il avait prise, quel point de la frontière népalaise il se proposait d'atteindre. Nous ne pouvions, d'autre part, nous dissimuler que, s'il n'avait parlé de rien à Banks, c'est parce qu'il craignait les observations de son ami, auxquelles il voulait se soustraire. Banks regretta vivement de nous avoir suivis dans cette expédition.

Il fallait donc se résigner et attendre. Le colonel Munro serait certainement de retour avant la fin d'août, — ce mois étant le dernier que nous dussions passer au sanitarium, avant de prendre, à travers le sud-ouest, la route de Bombay.

Kâlagani, bien soigné par Banks, ne resta que vingt-quatre heures à Steam-House. Sa blessure devait rapidement se cicatriser, et il nous quitta pour aller reprendre son service au kraal.

Le mois d'août commença encore par des pluies violentes, — un temps à enrhumer des grenouilles, — disait le capitaine Hod; mais, en somme, il devait être moins pluvieux que le mois de juillet, et, par conséquent, plus propice à nos excursions dans le Tarryani.

Cependant, les rapports étaient fréquents avec le kraal. Mathias Van Guitt ne laissait pas d'être peu satisfait. Il comptait, lui aussi, quitter le campement dans les premiers jours de septembre. Or, un lion, deux tigres, deux léopards, manquaient encore à sa ménagerie, et il se demandait s'il pourrait compléter sa troupe.

En revanche, à défaut des acteurs qu'il voulait engager pour le compte de ses commettants, d'autres vinrent se présenter à son agence, dont il n'avait que faire.

C'est ainsi que, dans la journée du 4 août, un bel ours se fit prendre dans l'un de ses pièges.

Nous étions précisément au kraal, lorsque ses chikaris lui amenèrent dans la cage roulante un prisonnier de grande taille, fourrure noire, griffes acérées, longues oreilles garnies de poils, — ce qui est spécial à ces représentants de la famille des ursins dans les Indes.

« Eh! qu'ai-je besoin de cet inutile tardigrade! s'écria le fournisseur, en haussant les épaules.

— Frère Ballon! frère Ballon! » répétaient les Indous

Il paraît que, si les Indous ne sont que les neveux des tigres, ils sont les frères des ours.

Mais Mathias Van Guitt, nonobstant ce degré de parenté, reçut frère Ballon avec un sentiment de mauvaise humeur peu équivoque. Prendre des ours quand il lui fallait des tigres, ce n'était pas pour le contenter. Que ferait-il de cette importune bête? Il lui convenait peu de la nourrir sans espoir de rentrer dans ses frais. L'ours indien n'est que peu demandé sur les marchés de l'Europe. Il n'a pas la valeur marchande du grizzly d'Amérique ni celle de l'ours polaire. C'est pourquoi Mathias Van Guitt, bon commerçant, ne se souciait pas d'un animal encombrant, dont il ne trouverait que difficilement à se défaire !

« Le voulez-vous? demanda-t-il au capitaine Hod.

— Et que voulez-vous que j'en fasse! répondit le capitaine.

— Vous en ferez des beefsteaks, dit le fournisseur, si toutefois je puis employer cette catachrèse!

— Monsieur Van Guitt, répondit sérieusement Banks, la catachrèse est une figure permise, quand, à défaut de toute autre expression, elle rend convenablement la pensée.

— C'est aussi mon avis, répliqua le fournisseur.

— Eh bien, Hod, dit Banks, prenez-vous ou ne prenez-vous pas l'ours de monsieur Van Guitt?

— Ma foi non! répondit le capitaine Hod. Manger des beefsteaks d'ours, quand l'ours est tué, passe encore ; mais tuer l'ours exprès, pour manger ses beefsteaks, cela ne me met pas en appétit!

— Alors, qu'on rende ce plantigrade à la liberté, » dit Mathias Van Guitt, en se retournant vers ses chikaris.

On obéit au fournisseur. La cage fut ramenée hors du kraal. Un des Indous en ouvrit la porte.

Frère Ballon, qui semblait tout honteux de sa situation, ne se le fit pas dire deux fois. Il sortit tranquillement de la cage, fit un petit hochement de tête que l'on pouvait prendre pour un remerciement, et il détala en poussant un grognement de satisfaction.

« C'est une bonne action que vous avez faite là, dit Banks. Cela vous portera bonheur, monsieur Van Guitt ! »

Banks ne savait pas dire si juste. La journée du 6 août devait récompenser le fournisseur, en lui procurant un des fauves qui manquaient à sa ménagerie.

Voici dans quelles circonstances :

Mathias Van Guitt, le capitaine Hod et moi, accompagnés de Fox, du mécanicien Storr et de Kâlagani, nous battions, depuis l'aube, un épais fourré de cactus et de lentisques, lorsque des hurlements à demi étouffés se firent entendre.

Aussitôt, nos fusils prêts à faire feu, bien groupés tous les six, de manière à nous garder contre une attaque isolée, nous nous dirigeons vers l'endroit suspect.

Cinquante pas plus loin, le fournisseur nous faisait faire halte. A la nature des rugissements, il semblait avoir reconnu ce dont il s'agissait, et, en s'adressant plus spécialement au capitaine Hod.

« Surtout pas de coup de feu inutile, » dit-il.

Puis, s'étant avancé de quelques pas, tandis que, sur un signe de lui, nous restions en arrière :

« Un lion ! » s'écria-t-il.

En effet, à l'extrémité d'une forte corde, attachée

à la fourche d'une solide branche d'arbre, un animal se débattait.

C'était bien un lion, un de ces lions sans crinière, — que cette particularité distingue de leurs congénères d'Afrique, — mais un véritable lion, le lion réclamé par Mathias Van Guitt.

La farouche bête, pendue par une de ses pattes de devant, que serrait le nœud coulant de la corde, donnait de terribles secousses, sans parvenir à se dégager.

Le premier mouvement du capitaine Hod, malgré la recommandation du fournisseur, fut de faire feu.

« Ne tirez pas, capitaine! s'écria Mathias Van Guitt. Je vous en conjure, ne tirez pas!

— Mais....

— Non! non! vous dis-je! Ce lion s'est pris à l'un de mes pièges et il m'appartient! »

C'était un piège, en effet, — un piège-potence, à la fois très simple et très ingénieux.

Une corde résistante est fixée à une branche d'arbre forte et flexible. Cette branche est recourbée vers le sol, de manière que l'extrémité inférieure de la corde, terminée par un nœud coulant, puisse être engagée dans l'entaille d'un pieu solidement fiché en terre. A ce pieu on place un appât, de telle façon que si un animal veut y toucher, il devra engager dans le nœud soit sa tête, soit l'une de ses pattes. Mais à peine l'a-t-il fait, que l'appât, si peu qu'il ait été remué, dégage la corde de l'entaille, la branche se redresse, l'animal est enlevé, et, au même moment, un lourd cylindre de bois, glissant le long de la corde, tombe sur le nœud, l'assujettit fortement et empêche qu'il puisse se desserrer sous les efforts du pendu.

Ce genre de piège est fréquemment dressé dans les forêts de l'Inde, et les fauves s'y laissent prendre beaucoup plus communément qu'on ne serait tenté de le croire.

Le plus souvent, il arrive que la bête est saisie par le cou, ce qui amène une strangulation presque immédiate, en même temps que sa tête est à demi fracassée par le lourd cylindre de bois. Mais le lion qui se débattait sous nos yeux n'avait été pris que par la patte. Il était donc vivant, bien vivant, et digne de figurer parmi les hôtes du fournisseur.

Mathias Van Guitt, enchanté de l'aventure, dépêcha Kâlagani vers le kraal, avec ordre d'en ramener la cage roulante sous la conduite d'un charretier. Pendant ce temps, nous pûmes observer tout à l'aise l'animal, dont notre présence redoublait la fureur.

Le fournisseur, lui, ne le quittait pas des yeux. Il tournait autour de l'arbre, ayant soin, d'ailleurs, de se tenir hors de portée des coups de griffe que le lion détachait à droite et à gauche.

Une demi-heure après, arrivait la cage, traînée par deux buffles. On y descendait le pendu, non sans quelque peine, et nous reprenions le chemin du kraal.

« Je commençais véritablement à désespérer, nous dit Mathias Van Guitt. Les lions ne figurent pas pour un chiffre important parmi les bêtes némorales de l'Inde....

— Némorales? dit le capitaine Hod.

— Oui, les bêtes qui hantent les forêts, et je m'applaudis d'avoir pu capturer ce fauve, qui fera honneur à ma ménagerie! »

Du reste, Mathias Van Guitt, à dater de ce jour, n'eut plus à se plaindre de la malechance.

Le 11 août, deux léopards furent pris conjointement dans ce premier piège à tigres, dont nous avions extrait le fournisseur.

C'étaient deux tchitas, semblables à celui qui avait si audacieusement attaqué le Géant d'Acier dans les plaines du Rohilkhande, et dont nous n'avions pu nous emparer.

Il ne manquait plus que deux tigres pour que le stock de Mathias Van Guitt fût complet.

Nous étions au 15 août. Le colonel Munro n'avait

pas encore reparu. De nouvelles de lui, pas la moindre. Banks était inquiet plus qu'il ne le voulait paraître. Il interrogea Kâlagani, qui connaissait la frontière népalaise, sur les dangers que pouvait courir sir Edward Munro à s'aventurer sur ces territoires indépendants. L'Indou lui assura qu'il ne restait plus un seul des partisans de Nana Sahib aux confins du Thibet. Toutefois, il parut regretter que le colonel ne l'eût pas choisi pour guide. Ses services lui auraient été très utiles, dans un pays dont les moindres sentiers lui étaient connus. Mais il ne fallait pas songer maintenant à le rejoindre.

Cependant, le capitaine Hod et Fox, plus particulièrement, continuaient leurs excursions dans le Tarryani. Aidés des chikaris du kraal, ils parvinrent à tuer trois autres tigres de moyenne taille, non sans grands risques. Deux de ces fauves furent portés au compte du capitaine, le troisième au compte du brosseur.

« Quarante-huit ! dit Hod, qui aurait bien voulu atteindre le chiffre rond de cinquante, avant de quitter l'Himalaya.

— Trent-neuf ! » avait dit Fox, sans parler d'une redoutable panthère, qui était tombée sous ses balles.

Le 20 août, l'avant-dernier des tigres réclamés

par Mathias Van Guitt se fit prendre dans une de ces fosses, auxquelles, soit instinct, soit hasard, ils avaient échappé jusqu'alors. L'animal, ainsi qu'il arrive le plus souvent, se blessa dans sa chute, mais la blessure ne présentait aucune gravité. Quelques jours de repos suffiraient à assurer sa guérison, et il n'y devait plus rien paraître, lorsque la livraison serait faite pour le compte de Hagenbeck, de Hambourg.

L'emploi de ces fosses est regardé par les connaisseurs comme une méthode barbare. Lorsqu'il ne s'agit que de détruire les animaux, il est évident que tout moyen est bon; mais, quand on tient à les prendre vivants, la mort est trop souvent la conséquence de leur chute, surtout lorsqu'ils tombent dans ces fosses, profondes de quinze à vingt pieds, qui sont destinées à la capture des éléphants. Sur dix, à peine peut-on compter en retrouver un qui n'ait quelque fracture mortelle.

Aussi, même dans le Mysore, où ce système était surtout préconisé, nous dit le fournisseur, on commence à l'abandonner.

En fin de compte, il ne manquait plus qu'un tigre à la ménagerie du kraal, et Mathias Van Guitt aurait bien voulu le tenir en cage. Il avait hâte de partir pour Bombay.

Ce tigre, il ne devait pas tarder à s'en rendre maître, mais à quel prix! Cela demande à être raconté avec quelques détails, car l'animal fut chèrement, — trop chèrement, — payé.

Une expédition avait été organisée, par les soins du capitaine Hod, pour la nuit du 26 août. Les circonstances se prêtaient à ce que la chasse se fît dans des circonstances favorables, ciel dégagé de nuages, atmosphère calme, lune en décroissance. Lorsque les ténèbres sont très profondes, les fauves quittent moins volontiers leurs repaires, tandis qu'une demi-obscurité les y invite. Précisément, le ménisque, — un mot de Mathias Van Guitt qui s'applique au croissant lunaire, — le ménisque allait jeter quelques lueurs après minuit.

Le capitaine Hod et moi, Fox et Storr, qui y prenait goût, nous formions le noyau de cette expédition, à laquelle devaient se joindre le fournisseur, Kâlagani et quelques-uns de ses Indous.

Donc, le dîner achevé, après avoir pris congé de Banks, qui avait décliné l'invitation de nous accompagner, nous quittâmes Steam-House vers sept heures du soir, et, à huit, nous arrivions au kraal, sans avoir fait aucune rencontre fâcheuse.

Mathias Van Guitt achevait de souper en ce moment. Il nous reçut avec ses démonstration ordinaires. On tint conseil, et le plan de chasse fut aussitôt arrêté.

Il s'agissait d'aller prendre l'affût sur le bord d'un torrent, au fond de l'un de ces ravins qu'on appelle « nullah », à deux milles du kraal, en un endroit qu'un couple de tigres visitait assez régulièrement pendant la nuit. Aucun appât n'y avait été préalablement placé. Au dire des Indous, c'était inutile. Une battue, récemment faite dans cette portion du Tarryani, prouvait que le besoin de se désaltérer suffisait à attirer les tigres au fond de cette nullah. On savait aussi qu'il serait facile de s'y poster avantageusement.

Nous ne devions pas quitter le kraal avant minuit. Or, il n'était encore que sept heures. Il s'agissait donc d'attendre sans trop s'ennuyer le moment du départ.

« Messieurs, nous dit Mathias Van Guitt, mon habitation est tout entière à votre disposition. Je vous engage à faire comme moi, à vous coucher. Il s'agit d'être plus que matinal, et quelques heures de sommeil ne peuvent que nous mieux préparer à la lutte

— Est-ce que vous avez envie de dormir, Maucler? me demanda le capitaine Hod.

— Non, répondis-je, et j'aime mieux attendre l'heure en me promenant, que d'être forcé de me réveiller en plein sommeil.

— Comme il vous plaira, messieurs, répondit le fournisseur. Pour moi, j'éprouve déjà ce clignotement spasmodique des paupières que provoque le besoin de dormir. Vous le voyez, j'en suis déjà aux mouvements de pendiculation ! »

Et Mathias Van Guitt, levant les bras, renversant la tête et le tronc en arrière par une involontaire extension des muscles abdominaux, laissa échapper quelques bâillements significatifs.

Donc, quand il eut bien « pendiculé » tout à son aise, il nous fit un dernier geste d'adieu, entra dans sa case, et, sans doute, il ne tarda pas à s'y endormir.

« Et nous, qu'allons-nous faire? demandai-je.

— Promenons-nous, Maucler, me répondit le capitaine Hod, promenons-nous dans le kraal. La nuit est belle, et je serai plus dispos au départ, que si je me mettais trois ou quatre heures de sommeil sur les yeux. D'ailleurs, si le sommeil est notre meilleur ami, c'est un ami qui souvent se fait bien attendre ! »

Nous voilà donc arpentant le kraal, songeant et causant tour à tour. Storr, « que son meilleur ami n'avait pas l'habitude de faire attendre », était couché au pied d'un arbre et dormait déjà. Les chikaris et les charretiers s'étaient également blottis dans leu coin, et il n'y avait plus personne qui veillât dans l'enceinte.

C'était inutile, en somme, puisque le kraal, entouré d'une solide palissade, était parfaitement clos.

Kâlagani alla s'assurer lui-même que la porte avait été soigneusement fermée; puis, cela fait, après nous avoir donné le bonsoir en passant, il regagna la demeure commune à ses compagnons et à lui.

Le capitaine Hod et moi, nous étions absolument seuls.

Non seulement les gens de Van Guitt, mais les animaux domestiques et les fauves dormaient également, ceux-ci dans leurs cages, ceux-là groupés sous les grands arbres, à l'extrémité du kraal. Silence complet au dedans comme au dehors.

Notre promenade nous amena d'abord vers la place occupée par les buffles. Ces magnifiques ruminants, doux et dociles, n'étaient pas même entravés. Habitués à reposer sous le feuillage de gigantesques érables, nous les voyions là, tranquillement étendus, les cornes enchevêtrées, les pattes repliées sous eux, et l'on entendait une lente et bruyante respiration qui sortait de ces masses énormes.

Ils ne se réveillèrent même pas à notre approche. L'un deux, seulement, redressa un instant sa grosse tête, jeta sur nous ce regard sans fixité qui est particulier aux animaux de cette espèce, puis il se confondit de nouveau dans l'ensemble.

« Voilà à quel état les réduit la domesticité, ou plutôt la domestication, dis-je au capitaine.

— Oui, me répondit Hod, et, cependant, ces buffles sont de terribles animaux, quand ils vivent à l'état sauvage. Mais, s'ils ont pour eux la force, ils n'ont pas la souplesse, et que peuvent leurs cornes contre la dent des lions ou la griffe des tigres? Décidément, l'avantage est aux fauves. »

Tout en causant, nous étions revenus vers les cages. Là, aussi, repos absolu. Tigres, lions, panthères, léopards, dormaient dans leurs compartiments séparés. Mathias Van Guitt ne les réunissait que lorsqu'ils étaient assouplis par quelques semaines de captivité, et il avait raison. Très certainement, en effet, ces féroces animaux, aux premiers jours de leur séquestration, se seraient dévorés entre eux.

Les trois lions, absolument immobiles, étaient couchés en demi-cercle comme de gros chats. On ne voyait plus leur tête, perdue dans un épais manchon de fourrure noire, et ils dormaient du sommeil du juste.

Assoupissement moins complet dans les compartiments des tigres. Des yeux ardents flamboyaient dans l'ombre. Une grosse patte s'allongeait de temps en temps et griffait les barreaux de fer. C'était un sommeil de carnassiers qui rongent leur frein.

« Ils font de mauvais rêves, et je comprends cela ! » dit le compatissant capitaine.

Quelques remords, sans doute, agitaient aussi les trois panthères, ou, tout au moins, quelques regrets. A cette heure, libres de tout lien, elles auraient couru la forêt ! Elle auraient rôdé autour des pâturages, en quête de chair vivante !

Quant aux quatre léopards, nul cauchemar ne troublait leur sommeil. Ils reposaient paisiblement. Deux de ces félins, le mâle et la femelle, occupaient la même chambre à coucher, et se trouvaient aussi bien là que s'ils eussent été au fond de leur tanière.

Un seul compartiment était vide encore, — celui que devait occuper le sixième et imprenable tigre, dont Mathias Van Guitt n'attendait plus que la capture pour quitter le Tarryani.

Notre promenade dura une heure à peu près. Après avoir fait le tour de l'enceinte intérieure du kraal, nous revînmes prendre place au pied d'un énorme mimosa.

Un silence absolu régnait dans la forêt tout entière. Le vent, qui bruissait encore à travers le feuillage à la tombée du jour, s'était tu. Pas une feuille ne remuait aux arbres. L'espace était aussi calme à la surface du sol que dans ces hautes régions, vides d'air, où la lune promenait son disque à demi rongé.

Le capitaine Hod et moi, assis l'un près de l'autre, nous ne causions plus. Le sommeil ne nous envahissait pas, cependant. C'était plutôt cette sorte d'absorption, plus morale que physique, dont on subit l'influence pendant le repos parfait de la nature. On pense, mais on ne formule point sa pensée. On rêve, comme rêverait un homme qui ne dormirait pas, et le regard, que les paupières ne voilent pas encore, tend plutôt à se perdre dans quelque vision fantasmatique.

Cependant, une particularité étonnait le capitaine, et, parlant à voix basse ainsi qu'on le fait presque inconsciemment, lorsque tout se tait autour de soi, il me dit :

« Maucler, un pareil silence a lieu de me surprendre ! Les fauves rugissent habituellement dans l'ombre, et, pendant la nuit, la forêt est bruyante. A défaut de tigres ou de panthères, ce sont les chacals, qui ne chôment jamais. Ce kraal, empli d'êtres vivants, devrait les attirer par centaines, et, pourtant nous n'entendons rien, pas un seul craquement du bois sec sur le sol, pas un seul hurlement au dehors. Si Mathias Van Guitt était éveillé, il ne serait pas moins surpris que moi, sans doute, et il trouverait quelque mot étonnant pour exprimer sa surprise !

— Votre observation est juste, mon cher Hod, répondis-je, et je ne sais à quelle cause attribuer l'absence de ces rôdeurs de nuit. Mais prenons garde à nous-mêmes, ou bien, au milieu de ce calme, nous finirions par nous endormir !

— Résistons, résistons ! répondit le capitaine Hod, en se détirant les bras. L'heure approche, à laquelle il faudra partir. »

Et nous nous reprîmes à causer par phrases qui traînaient, entrecoupées de longs silences.

Combien de temps dura cette rêverie, je n'aurais pu le dire; mais soudain une sourde agitation se produisit, qui me tira subitement de cet état de somnolence.

Le capitaine Hod, également secoué de sa torpeur, s'était levé en même temps que moi.

Il n'y avait pas à en douter, cette agitation venait de se produire dans la cage des fauves.

Lions, tigres, panthères, léopards, tout à l'heure si paisibles, faisaient entendre maintenant un sourd murmure de colère. Debout dans leurs compartiments, allant et venant à petits pas, ils aspiraient fortement quelque émanation du dehors, et se dressaient en renâclant contre les barreaux de fer de leurs compartiments.

« Qu'ont-ils donc? demandai-je.

— Je ne sais, répondit le capitaine Hod, mais je crains qu'ils n'aient senti l'approche de... »

Tout à coup, de formidables rugissements éclatèrent autour de l'enceinte du kraal.

« Des tigres! » s'écria le capitaine Hod, en se précipitant vers la case de Mathias Van Guitt.

Mais, telle avait été la violence de ces rugissements, que tout le personnel du kraal était déjà sur pied, et le fournisseur, suivi de ses gens, apparaissait sur la porte.

« Une attaque!... s'écria-t-il.

— Je le crois, répondit le capitaine Hod.

— Attendez! Il faut voir!... »

Et, sans prendre le temps d'achever sa phrase, Mathias Van Guitt, saisissant une échelle, la dressa contre la palissade. En un instant, il en eut atteint le dernier échelon.

« Dix tigres et une douzaine de panthères! s'écria-t-il.

— Ce sera sérieux, répondit le capitaine Hod. Nous voulions aller les chasser, et ce sont eux qui nous donnent la chasse!

— Aux fusils! aux fusils! » cria le fournisseur.

Et tous, obéissant à ses ordres, en vingt secondes nous étions prêts à faire feu.

Ces attaques d'une bande de fauves ne sont pas rares aux Indes. Combien de fois les habitants des territoires fréquentés par les tigres, plus particulièrement ceux des Sunderbunds, n'ont-ils pas été assiégés dans leurs habitations! C'est là une redoutable éventualité, et, trop souvent, c'est aux assaillants que reste l'avantage!

Cependant, à ces rugissements du dehors s'étaient joints les hurlements du dedans. Le kraal répondait à la forêt. On ne pouvait plus s'entendre dans l'enceinte.

« Aux palissades! » s'écria Mathias Van Guitt, qui se fit comprendre par le geste plutôt que par la voix.

Et chacun de nous se précipita vers l'enceinte.

En ce moment, les buffles, en proie à l'épouvante, se démenaient pour quitter la place où ils étaient parqués. Les charretiers essayaient en vain de les y retenir.

Soudain, la porte, dont la barre était mal assujettie sans doute, s'ouvrit violemment, et une bande de fauves força l'entrée du kraal.

Cependant, Kâlagani avait fermé cette porte avec le plus grand soin, ainsi qu'il le faisait chaque soir!

« A la case! A la case! » cria Mathias Van Guitt, en s'élançant vers la maison, qui seule pouvait offrir un refuge.

7.

Mais aurions-nous le temps d'y arriver?

Déjà deux des chikaris, atteints par les tigres, venaient de rouler à terre. Les autres, ne pouvant plus atteindre la case, fuyaient à travers le kraal, cherchant un abri quelconque.

Le fournisseur, Storr et six des Indous étaient déjà dans la maison, dont la porte fut refermée au moment où deux panthères allaient s'y précipiter.

Kâlagani, Fox et les autres, s'accrochant aux arbres, s'étaient hissés dans les premières branches.

Le capitaine Hod et moi, nous n'avions eu ni le temps ni la possibilité de rejoindre Mathias Van Guitt.

« Maucler! Maucler! » cria le capitaine Hod, dont le bras droit venait d'être déchiré par un coup de griffe.

D'un coup de sa queue, un énorme tigre m'avait jeté à terre. Je me relevais au moment où l'animal revenait sur moi, et je courus au capitaine Hod pour lui porter secours.

Un seul refuge nous restait alors: c'était le compartiment vide de la sixième cage. En un instant, Hod et moi nous nous y étions blottis, et la porte refermée nous mettait momentanément à l'abri des fauves, qui se jetèrent en hurlant sur les barreaux de fer.

Tel fut alors l'acharnement de ces bêtes furieuses,

joint à la colère des tigres emprisonnés dans les compartiments voisins, que la cage, oscillant sur ses roues, fut sur le point d'être chavirée.

Mais les tigres l'abandonnèrent bientôt pour s'attaquer à quelque proie plus sûre.

Quelle scène, dont nous ne perdions aucun détail, en regardant à travers les barreaux de notre compartiment!

« C'est le monde renversé! s'écria le capitaine Hod, qui enrageait. Eux dehors, et nous dedans!

— Et votre blessure? demandai-je.

— Ce n'est rien! »

Cinq ou six coups de feu éclatèrent en ce moment. Ils partaient de la case, occupée par Mathias Van Guitt, contre laquelle s'acharnaient deux tigres et trois panthères.

L'un de ces animaux tomba foudroyé d'une balle explosible, qui devait sortir de la carabine de Storr

Quant aux autres, ils s'étaient tout d'abord précipités sur le groupe des buffles, et ces malheureux ruminants allaient se trouver sans défense contre de tels adversaires.

Fox, Kâlagani et les Indous, qui avient dû jeter leurs armes pour grimper plus vite dans les arbres, ne pouvaient leur venir en aide.

Cependant, le capitaine Hod, passant sa carabine

à travers les barreaux de notre cage, fit feu. Bien que son bras droit, à demi paralysé par sa blessure, ne lui permît pas de tirer avec sa précision habituelle, il eut la chance d'abattre son quarante-neuvième tigre.

A ce moment, les buffles, affolés, se précipitèrent en beuglant à travers l'enceinte. Vainement, ils essayèrent de faire tête aux tigres, qui, par des bonds formidables, échappaient aux coups de cornes. L'un d'eux, coiffé d'une panthère, dont les griffes lui déchiraient le garrot, arriva devant la porte du kraal et s'élança au dehors.

Cinq ou six autres, serrés de plus près par les fauves, s'échappèrent à sa suite et disparurent.

Quelques-uns des tigres se mirent à leur poursuite ; mais ceux de ces buffles qui n'avaient pu abandonner le kraal, égorgés, éventrés, gisaient déjà sur le sol.

Cependant, d'autres coups de feu éclataient à travers les fenêtres de la case. De notre côté, le capitaine Hod et moi, nous faisions de notre mieux. Un nouveau danger nous menaçait.

Les animaux renfermés dans les cages, surexcités par l'acharnement de la lutte, l'odeur du sang, les hurlements de leurs congénères, se débattaient avec une indescriptible violence. Allaient-ils parvenir à briser leurs barreaux? Nous devions véritablement le craindre. En effet, une des cages à tigres fut renversée. Je crus un instant que ses parois rompues leur avaient livré passage!...

Il n'en était rien, heureusement, et les prisonniers ne pouvaient même plus voir ce qui se passait au dehors, puisque c'était la face grillagée de leur cage qui posait sur le sol.

« Décidément, il y en a trop! » murmura le capitaine Hod, en rechargeant sa carabine.

A ce moment, un tigre fit un bond prodigieux, et, ses griffes aidant, il parvint à s'accrocher à la fourche d'un arbre, sur laquelle deux ou trois chikaris avaient cherché refuge.

L'un de ces malheureux, saisi à la gorge, essaya vainement de résister et fut précipité à terre.

Une panthère vint disputer au tigre ce corps déjà privé de vie, dont les os craquèrent au milieu d'une mare de sang.

« Mais feu! feu donc! » criait le capitaine Hod, comme s'il eût pu se faire entendre de Mathias Van Guitt et de ses compagnons.

Quant à nous, impossible d'intervenir maintenant! Nos cartouches étaient épuisées, et nous ne pouvions plus être que les spectateurs impuissants de cette lutte!

Mais voici que, dans le compartiment voisin du nôtre, un tigre, qui cherchait à briser ses barreaux, parvint, en donnant une secousse violente, à rompre l'équilibre de la cage. Elle oscilla un instant et se renversa presque aussitôt.

Contusionnés légèrement dans la chute, nous nous étions relevés sur les genoux. Les parois avaient résisté, mais nous ne pouvions plus rien voir de ce qui se passait au dehors.

Si l'on ne voyait pas, on entendait, du moins! Quel sabbat de hurlements dans l'enceinte du kraal! Quelle odeur de sang imprégnait l'atmosphère! Il semblait que la lutte eût pris un caractère plus violent. Que s'était-il donc passé? Les prisonniers des autres cages s'étaient-ils échappés? Attaquaient-ils la case de Mathias Van Guitt? Tigres et panthères s'élançaient-ils sur les arbres pour en arracher les Indous?

« Et ne pouvoir sortir de cette boîte! » s'écriait le capitaine Hod, en proie à une rage véritable.

Un quart d'heure environ, — un quart d'heure dont nous comptions les interminables minutes! — s'écoula dans ces conditions.

Puis, le bruit de la lutte diminua peu à peu. Les hurlements s'affaiblirent. Les bonds des tigres, qui occupaient les compartiments de notre cage, devinrent plus rares. Le massacre avait-il donc pris fin?

Soudain, j'entendis la porte du kraal qui se refermait avec fracas. Puis, Kâlagani nous appela à grands cris. A sa voix se joignait celle de Fox, répétant :

« Mon capitaine! mon capitaine!

— Par ici! » répondit Hod.

Il fut entendu, et, presque aussitôt, je sentis que la cage se relevait. Un instant après, nous étions libres.

« Fox! Storr! s'écria le capitaine, dont la première pensée fut pour ses compagnons.

— Présents! » répondirent le mécanicien et le brosseur.

Ils n'étaient pas même blessés. Mathias Van Guitt et Kâlagani se trouvaient également sains et saufs. Deux tigres et une panthère gisaient sans vie sur le sol. Les autres avaient quitté le kraal, dont Kâlagani venait de refermer la porte. Nous étions tous en sûreté.

Aucun des fauves de la ménagerie n'était parvenu à s'échapper pendant la lutte, et, même, le fournisseur comptait un prisonnier de plus. C'était un jeune tigre, emprisonné dans la petite cage roulante, qui s'était renversée sur lui, et sous laquelle il avait été pris comme dans un piège.

Le stock de Mathias Van Guitt était donc au complet; mais que cela lui coûtait cher! Cinq de ses buffles étaient égorgés, les autres avaient pris la fuite, et trois des Indous, horriblement mutilés, nageaient dans leur sang sur le sol du kraal!

CHAPITRE VI

LE DERNIER ADIEU DE MATHIAS VAN GUITT

Pendant le reste de la nuit, aucun incident ne se produisit, ni en dedans, ni en dehors de l'enceinte. La porte avait été solidement assujettie, cette fois. Comment avait-elle pu s'ouvrir au moment où la bande des fauves contournait la palissade? Cela ne laissait pas d'être inexplicable, puisque Kâlagani avait lui-même repoussé dans leurs mortaises les fortes traverses qui en assuraient la fermeture.

La blessure du capitaine Hod le faisait assez souffrir, bien que ce ne fût qu'une éraflure de la peau. Mais peu s'en était fallu qu'il ne perdît l'usage du bras droit.

Pour mon compte, je ne sentais plus rien du violent coup de queue qui m'avait jeté à terre.

Nous résolûmes donc de retourner à Steam-House, dès que le jour commencerait à paraître.

Quant à Mathias Van Guitt, si ce n'est le regret très réel d'avoir perdu trois de ses gens, il ne se montrait pas autrement désespéré de la situation, bien que la privation de ses buffles dût le mettre dans un certain embarras, au moment de son départ.

« Ce sont les chances du métier, nous dit-il, et j'avais comme un pressentiment qu'il m'arriverait quelque aventure de ce genre. »

Puis, il fit procéder à l'enterrement des trois Indous, dont les restes furent déposés dans un coin du kraal, et assez profondément pour que les fauves ne pussent les déterrer.

Cependant, l'aube ne tarda pas à blanchir les dessous du Tarryani, et, après force poignées de mains, nous prîmes congé de Mathias Van Guitt.

Pour nous accompagner, au moins pendant notre passage à travers la forêt, le fournisseur voulut mettre à notre disposition Kâlagani et deux de ses Indous. Son offre fut acceptée, et, à six heures, nous franchissions l'enceinte du kraal.

Aucune mauvaise rencontre ne signala notre retour. De tigres, de panthères, il n'y avait plus aucune trace. Les fauves, fortement repus, avaient sans doute regagné leur repaire, et ce n'était pas le moment d'aller les y relancer.

Quant aux buffles qui s'étaient échappés du kraal,

ou bien ils étaient égorgés et gisaient sous les hautes herbes, ou bien, égarés dans les profondeurs du Tarryani, il ne fallait pas compter que leur instinct les ramenât au kraal. Ils devaient donc être considérés comme définitivement perdus pour le fournisseur. A la lisière de la forêt, Kâlagani et les deux Indous nous quittèrent. Une heure après, Phann et Black annonçaient par leurs aboiements notre retour à Steam-House.

Je fis à Banks le récit de nos aventures. S'il nous félicita d'en avoir été quittes à si bon marché, cela va sans dire! Trop souvent, dans des attaques de ce genre, pas un des assaillis n'a pu revenir pour raconter les hauts faits des assaillants!

Quant au capitaine Hod, il dut, bon gré, mal gré, porter son bras en écharpe; mais l'ingénieur, qui était le véritable médecin de l'expédition, ne trouva rien de grave à sa blessure, et il affirma que dans quelques jours il n'y paraîtrait plus.

Au fond, le capitaine Hod était très mortifié d'avoir reçu un coup sans avoir pu le rendre. Et, cependant, il avait ajouté un tigre aux quarante-huit qui figuraient à son actif.

Le lendemain, 27 août, dans l'après-midi, les aboiements des chiens retentirent avec force, mais joyeusement.

C'étaient le colonel Munro, Mac Neil et Goûmi qui rentraient au sanitarium. Leur retour nous procura un véritable soulagement. Sir Edward Munro avait-il mené à bonne fin son expédition ? nous ne le savions pas encore. Il revenait sain et sauf. Là était l'important.

Tout d'abord, Banks avait couru à lui, il lui serrait la main, il l'interrogeait du regard.

« Rien ! » se contenta de répondre le colonel Munro par un simple signe de tête.

Ce mot signifiait non seulement que les recherches entreprises sur la frontière népalaise n'avaient donné aucun résultat, mais aussi que toute conversation sur ce sujet devenait inutile. Il semblait nous dire qu'il n'y avait plus lieu d'en parler.

Mac Neil et Goûmi, que Banks interrogea dans la soirée, furent plus explicites. Ils lui apprirent que le colonel Munro avait effectivement voulu revoir cette portion de l'Indoustan, où Nana Sahib s'était réfugié avant sa réapparition dans la présidence de Bombay. S'assurer de ce qu'étaient devenus les compagnons du nabab, rechercher si, de leur passage sur ce point de la frontière indo-chinoise, il ne restait plus trace, tâcher d'apprendre si, à défaut de Nana Sahib, son frère Balao Rao ne se cachait pas dans cette contrée soustraite encore à la domination anglaise, tel avait été le but de Sir Edward Munro. Or, de ses recherches, il résultait, à n'en plus douter, que les rebelles avaient quitté le pays. De leur campement, où avaient été célébrées les fausses obsèques destinées à accréditer la mort de Nana Sahib, il n'y avait plus vestige. De Balao Rao, aucune nouvelle De ses compagnons, rien qui pût permettre de se lancer sur leur piste. Le nabab tué dans les défilés des monts Sautpourra, les siens dispersés très probablement au delà des limites de la péninsule, l'œuvre du justicier n'était plus à faire. Quitter la frontière himalayenne, continuer le voyage en revenant au sud, achever enfin notre itinéraire de Calcutta à Bombay, c'est à quoi nous devions uniquement songer.

Le départ fut donc arrêté et fixé à huit jours de là, au 3 septembre. Il convenait de laisser au capitaine Hod le temps nécessaire à la complète guérison de sa blessure. D'autre part, le colonel Munro, visiblement fatigué par cette rude excursion dans un pays difficile, avait besoin de quelques jours de repos.

Pendant ce temps, Banks commencerait à faire ses préparatifs. Remettre notre train en état pour redescendre dans la plaine et prendre la route de l'Himalaya à la présidence de Bombay, c'était là de quoi l'occuper pendant toute une semaine.

Tout d'abord, il fut convenu que l'itinéraire serait une seconde fois modifié, de manière à éviter ces grandes villes du nord-ouest, Mirat, Delhi, Agra, Gwalior, Jansie et autres, dans lesquelles la révolte de 1857 avait laissé trop de désastres. Avec les derniers rebelles de l'insurrection devait disparaître tout ce qui pouvait en rappeler le souvenir au colonel Munro.

Nos demeures roulantes iraient donc à travers les provinces, sans s'arrêter aux cités principales, mais le pays valait la peine d'être visité rien que pour ses beautés naturelles. L'immense royaume du Sindia, sous ce rapport, ne le cède à aucun autre. Devant notre Géant d'Acier allaient s'ouvrir les plus pittoresques routes de la péninsule.

La mousson avait pris fin avec la saison des pluies, dont la période ne se prolonge pas au delà du mois d'août. Les premiers jours de septembre promettaient une température agréable, qui devait rendre moins pénible cette seconde partie du voyage.

Pendant la deuxième semaine de notre séjour au sanitarium, Fox et Goûmi durent se faire les pourvoyeurs quotidiens de l'office. Accompagnés des deux chiens, ils parcoururent cette zone moyenne où pullulent les perdrix, les faisans, les outardes. Ces volatiles, conservés dans la glacière de Steam-

House, devaient fournir un gibier excellent pour la route.

Deux ou trois fois encore, on alla rendre visite au kraal. Là, Mathias Van Guitt, lui aussi, s'occupait à préparer son départ pour Bombay, prenant ses ennuis en philosophe qui se tient au-dessus des petites ou grandes misères de l'existence.

On sait que, par la capture du dixième tigre, qui avait coûté si cher, la ménagerie était au complet. Mathias Van Guitt n'avait donc plus qu'à se préoccuper de refaire ses attelages de buffles. Pas un des ruminants qui s'étaient enfuis pendant l'attaque n'avait reparu au kraal. Toutes les probabilités étaient pour que, dispersés à travers la forêt, ils eussent péri de mort violente. Il s'agissait donc de les remplacer, — ce qui, en ces circonstances, ne laissait pas d'être difficile. Dans ce but, le fournisseu avait envoyé Kâlagani visiter les fermes et les bourgades voisines du Tarryani, et il attendait son retur avec quelque impatience.

Cette dernière semaine de notre séjour au sanitarium se passa sans incidents. La blessure du capitaine Hod se guérissait peu à peu. Peut-être même comptait-il clore sa campagne par une dernière expédition; mais il dut y renoncer sur les instances du colonel Muro. Puisqu'il n'était plus aussi sûr de son bras, pourquoi s'exposer? Si quelque fauve se rencontrait sur sa route, pendant le reste du voyage, n'aurait-il pas là une occasion toute naturelle de prendre sa revanche?

« D'ailleurs, lui fit observer Banks, vous êtes encore vivant, mon capitaine, et quarante-neuf tigres sont morts de votre main, sans compter les blessés. La balance est donc encore en votre faveur!

— Oui, quarante-neuf! répondit en soupirant le capitaine Hod, mais j'aurais bien voulu compléter la cinquantaine! »

Évidemment, cela lui tenait au cœur.

Le 2 septembre arriva. Nous étions à la veille du départ.

Ce jour-là, dans la matinée, Goûmi vint nous annoncer la visite du fournisseur.

En effet, Mathias Van Guitt, accompagné de Kâlagani, arrivait à Steam-House. Sans doute, au moment du départ, il voulait nous faire ses adieux suivant toutes les règles.

Le colonel Munro le reçut avec cordialité. Mathias Van Guitt se lança dans une suite de périodes où se retrouvait tout l'inattendu de sa phraséologie habituelle. Mais il me sembla que ses compliments cachaient quelque arrière-pensée qu'il hésitait à formuler.

Et, précisément, Banks toucha le vif de la question, lorsqu'il demanda à Mathias Van Guitt s'il avait eu l'heureuse chance de pouvoir renouveler ses attelages.

« Non, monsieur Banks, répondit le fournisseur, Kâlagani a vainement parcouru les villages. Bien qu'il fût muni de mes pleins pouvoirs, il n'a pu se procurer un seul couple de ces utiles ruminants. Je suis donc obligé de confesser, à regret, que, pour diriger ma ménagerie vers la station la plus rapprochée, le moteur me fait absolument défaut. La dispersion de mes buffles, provoquée par la soudaine attaque de la nuit du 25 au 26 août, me met donc dans un certain embarras... Mes cages, avec leurs hôtes à quatre pattes, sont lourdes... et....

— Et comment allez-vous faire pour les conduire à la station? demanda l'ingénieur.

— Je ne sais trop, répondit Mathias Van Guitt. Je cherche... je combine... j'hésite.... Cependant... l'heure du départ a sonné, et c'est le 20 septembre, c'est-à-dire dans dix-huit jours, que je dois livrer à Bombay ma commande de félins...

— Dix-huit jours! répondit Banks, mais alors vous n'avez pas une heure à perdre!

— Je le sais, monsieur l'ingénieur. Aussi n'ai-je plus qu'un moyen, un seul!...

— Lequel?

— C'est, tout en ne voulant aucunement le gêner, d'adresser au colonel une demande très indiscrète... sans doute....

— Parlez donc, monsieur Van Guitt, dit le colonel Munro, et si je puis vous obliger, croyez bien que je le ferai avec plaisir. »

Mathias Van Guitt s'inclina, sa main droite se porta à ses lèvres, la partie supérieure de son corps s'agita doucement, et toute son attitude fut celle d'un homme qui se sent accablé par des bontés inattendues.

En somme, le fournisseur demanda, étant donnée la puissance de traction du Géant d'Acier, s'il ne serait pas possible d'atteler ses cages roulantes à la queue de notre train, et de les remorquer jusqu'à Etawah, la plus prochaine station du railway de Delhi à Allahabad.

C'était un trajet qui ne dépassait pas trois cent cinquante kilomètres, sur une route assez facile.

« Est-il possible de satisfaire monsieur Van Guitt? dmanda le colonel à l'ingénieur.

— Je n'y vois aucune difficulté, répondit Banks, et le Géant d'Acier ne s'apercevra même pas de ce surcroît de charge.

— Accordé, monsieur Van Guitt, dit le colonel Munro. Nous conduirons votre matériel jusqu'à

Etawah. Entre voisins, il faut savoir s'entr'aider, même dans l'Himalaya.

— Colonel, répondit Mathias Van Guitt, je connaissais votre bonté, et, pour être franc, comme il s'agissait de me tirer d'embarras, j'avais un peu compté sur votre obligeance !

— Vous aviez eu raison, » répondit le colonel Munro.

Tout étant ainsi convenu, Mathias Van Guitt se disposa à retourner au kraal, afin de congédier une partie de son personnel, qui lui devenait inutile. Il ne comptait garder avec lui que quatre chikaris, nécessaires à l'entretien des cages.

« A demain donc, dit le colonel Munro.

— A demain, messieurs, répondit Mathias Van Guitt. J'attendrai au kraal l'arrivée de votre Géant d'Acier ! »

Et le fournisseur, très heureux du succès de sa visite à Steam-House, se retira, non sans avoir fait sa sortie à la manière d'un acteur qui rentre dans la coulisse selon toutes les traditions de la comédie moderne.

Kâlagani, après avoir longuement regardé le colonel Munro, dont le voyage à la frontière du Népaul paraissait l'avoir sérieusement préoccupé, suivit le fournisseur.

Nos derniers préparatifs étaient achevés. Le matériel avait été remis en place. Du sanitarium de Steam-House, il ne restait plus rien. Les deux chars roulants n'attendaient plus que notre Géant d'Acier. L'éléphant devait les descendre d'abord jusqu'à la plaine, puis aller au kraal prendre les cages et les ramener pour former le train. Cela fait, il s'en irait directement à travers les plaines du Rohilkhande.

Le lendemain, 3 septembre, à sept heures du matin, le Géant d'Acier était prêt à reprendre les fonctions qu'il avait si consciencieusement remplies jusqu'alors. Mais, à cet instant, un incident, très inattendu, se produisit au grand ébahissement de tous.

Le foyer de la chaudière, enfermée dans les flancs de l'animal, avait été chargé de combustible. Kâlouth, qui venait de l'allumer, eut alors l'idée d'ouvrir la boîte à fumée, — à la paroi de laquelle se soudent les tubes destinés à conduire les produits de la combustion à travers la chaudière, — afin de voir si rien ne gênait le tirage.

Mais, à peine eut-il ouvert les portes de cette boîte, qu'il recula précipitamment, et une vingtaine de lanières furent projetées au dehors avec un sifflement bizarre.

Banks, Storr et moi, nous regardions, sans pouvoir deviner la cause de ce phénomène.

« Eh! Kâlouth, qu'y a-t-il? demanda Banks.

— Une pluie de serpents, monsieur! » s'écria le chauffeur.

En effet, ces lanières étaient des serpents, qui avaient élu domicile dans les tubes de la chaudière, pour y mieux dormir sans doute. Les premières flammes du foyer venaient de les atteindre. Quelques-uns de ces reptiles, déjà brûlés, étaient tombés sur le sol, et si Kâlouth n'eût pas ouvert la boîte à fumée, ils eussent tous été rôtis en un instant.

« Comment! s'écria le capitaine Hod, qui accourut, notre Géant d'Acier a un nid de serpents dans les entrailles! »

Oui, ma foi! et des plus dangereux, de ces « whip snakes », serpents-fouets, « goulabis », cobras noirs, najas à lunettes, appartenant aux plus venimeuses espèces.

Et, en même temps, un superbe python-tigre, de la famille des boas, montrait sa tête pointue à l'orifice supérieur de la cheminée, c'est-à-dire à l'extrémité de la trompe de l'éléphant, qui se déroulait au milieu des premières volutes de vapeur.

Les serpents, sortis vivants des tubes, s'étaient rapidement et lestement dispersés dans les broussailles, sans que nous eussions eu le temps de les détruire.

Mais le python ne put déguerpir si aisément du cylindre de tôle. Aussi le capitaine Hod se hâta-t-il d'aller prendre sa carabine, et, d'une balle, il lui brisa la tête.

Goûmi, grimpant alors sur le Géant d'Acier, se hissa à l'orifice supérieur de sa trompe, et, avec l'aide de Kâlouth et de Storr, il parvint à en retirer l'énorme reptile.

Rien de plus magnifique que ce boa, avec sa robe d'un vert mêlé de bleu, décorée d'anneaux réguliers et qui semblait avoir été taillée dans une peau de tigre. Il ne mesurait pas moins de cinq mètres de long sur une grosseur égale à celle du bras.

C'était donc un superbe échantillon de ces ophidiens de l'Inde, et il eût avantageusement figuré dans la ménagerie de Mathias Van Guitt, vu le nom de python-tigre qu'on lui donne. Cependant, je dois avouer que le capitaine Hod ne crut pas devoir le porter à son propre compte.

Cette exécution faite, Kâlouth referma la boîte à fumée, le tirage s'opéra régulièrement, le feu du foyer s'activa au passage du courant d'air, la chaudière ne tarda pas à ronfler sourdement, et, trois quarts d'heure après, le manomètre indiquait une pression suffisante de la vapeur. Il n'y avait plus qu'à partir.

Les deux chars furent attelés l'un à l'autre, et le Géant d'Acier manœuvra de manière à venir prendre la tête du train.

Un dernier coup d'œil fut donné à l'admirable panorama qui se déroulait dans le sud, un dernier regard à cette merveilleuse chaîne dont le profil dentelait le fond du ciel vers le nord, un dernier adieu au Dawalaghiri, qui dominait de sa cime tout ce territoire de l'Inde septentrionale, et un coup de sifflet annonça le départ.

La descente sur la route sinueuse s'opéra sans difficulté. Le serre-frein atmosphérique retenait irrésistiblement les roues sur les pentes trop raides. Une heure après, notre train s'arrêtait à la limite inférieure du Tarryani, à la lisière de la plaine.

Le Géant d'Acier fut alors détaché, et, sous la conduite de Banks, du mécanicien et du chauffeur, il s'enfonça lentement sur l'une des larges routes de la forêt.

Deux heures plus tard, ses hennissements se faisaient entendre, et il débouchait de l'épais massif, remorquant les six cages de la ménagerie.

Dès son arrivée, Mathias Van Guitt renouvela ses remerciements au colonel Munro. Les cages, précédées d'une voiture destinée au logement du fournisseur et de ses hommes, furent attelées à notre train,

— un véritable convoi, composé de huit wagons.

Nouveau signal de Banks, nouveau coup de sifflet réglementaire, et le Géant d'Acier, s'ébranlant, s'avança majestueusement sur la magnifique route qui descendait vers le sud. Steam-House et les cages de Mathias Van Guitt, chargées de fauves, ne semblaient pas plus lui peser qu'une simple voiture de déménagement.

« Eh bien, qu'en pensez-vous, monsieur le fournisseur ? demanda le capitaine Hod.

— Je pense, capitaine, répondit, non sans quelque raison, Mathias Van Guitt, que si cet éléphant était de chair et d'os, il serait encore plus extraordinaire ! »

Cette route n'était plus celle qui nous avait amenés au pied de l'Himalaya. Elle obliquait au sud-ouest vers Philibit, petite ville qui se trouvait à cent cinquante kilomètres de notre point de départ.

Ce trajet se fit tranquillement, à une vitesse modérée, sans ennuis, sans encombre.

Mathias Van Guitt prenait quotidiennement place à la table de Steam-House, où son magnifique appétit faisait toujours honneur à la cuisine de monsieur Parazard.

L'entretien de l'office exigea bientôt que les pourvoyeurs habituels fussent mis à contribution, et le capitaine Hod, bien guéri, — le coup de feu à l'adresse du python l'avait prouvé, — reprit son fusil de chasseur.

D'ailleurs, en même temps que les gens du personnel, il fallait songer à nourrir les hôtes de la ménagerie. Ce soin revenait aux chikaris. Ces habiles Indous, sous la direction de Kâlagani, très adroit tireur lui-même, ne laissèrent pas s'appauvrir la réserve de chair de bison et d'antilope. Ce Kâlagani était vraiment un homme à part. Bien qu'il fût peu communicatif, le colonel Munro le traitait fort amicalement, n'étant pas de ceux qui oublient un service rendu.

Le 10 septembre, le train contournait Philibit, sans s'y arrêter, mais il ne put éviter un rassemblement considérable d'Indous qui vinrent lui rendre visite.

Décidément, les fauves de Mathias Van Guitt, si remarquables qu'ils fussent, ne pouvaient supporter aucune comparaison avec le Géant d'Acier. On ne les regardait même pas à travers les barreaux de leurs cages, et toutes les admirations allaient à l'éléphant mécanique.

Le train continua à descendre ces longues plaines de l'Inde septentrionale, en laissant, à quelques lieues dans l'ouest, Bareilli, l'une des principales villes du Rohilkhande. Il s'avançait, tantôt au milieu de forêts peuplées d'un monde d'oiseaux dont Mathias Van Guitt nous faisait admirer « l'éclatant pennage », tantôt en plaine, à travers ces fourrés d'acacias épineux, hauts de deux à trois mètres, nommés par les Anglais « wait-a-bit-bush ». Là se rencontraient en grand nombre des sangliers, très friands de la baie jaunâtre que produisent ces arbustes. Quelques uns de ces suiliens furent tués, non sans péril, car ce sont des animaux véritablement sauvages et dangereux. En diverses occasions, le capitaine Hod et Kâlagani eurent lieu de déployer ce sang-froid et cette adresse qui en faisaient deux chasseurs hors ligne.

Entre Philibit et la station d'Etawah, le train dut franchir une portion du haut Gange, et, peu de temps après, l'un de ses importants tributaires, le Kali-Nadi.

Tout le matériel roulant de la ménagerie fut détaché, et Steam-House, transformé en appareil flottant, se transporta aisément d'une rive à l'autre à la surface du fleuve.

Il n'en fut pas de même pour le train de Mathias Van Guitt. Le bac fut mis en réquisition, et les cages durent traverser les deux cours d'eau l'une après l'autre. Si ce passage exigea un certain temps, il s'effectua, du moins, sans grandes difficultés. Le fournisseur n'en était pas à son coup d'essai, et ses gens avaient eu déjà à franchir plusieurs fleuves, lorsqu'ils se rendaient à la frontière himalayenne.

Bref, sans incidents dignes d'être relatés, à la date du 17 septembre, nous avions atteint le railway de Delhi à Allahabad, à moins de cent pas de la station d'Etawah.

C'était là que notre convoi allait se diviser en deux parties, qui n'étaient pas destinées à se rejoindre.

La première devait continuer à descendre vers le sud à travers les territoires du vaste royaume de Scindia, de manière à gagner les Vindhyas et la présidence de Bombay.

La seconde, placée sur les truks du chemin de fer, allait rejoindre Allahabad, et, de là, par le railway de Bombay, atteindre le littoral de la mer des Indes.

On s'arrêta donc, et le campement fut organisé pour la nuit. Le lendemain, dès l'aube, pendant que le fournisseur prendrait la route du sud-est, nous devions, en coupant cette route à angle droit, suivre à peu près le soixant dix-septième méridien.

Mais, en même temps qu'il nous quittait, Mathias Van Guitt allait se séparer de la partie de son personnel qui ne lui était plus utile. A l'exception de deux Indous, nécessaires au service des cages pendant un voyage qui ne devait durer que deux ou trois jours, il n'avait besoin de personne. Arrivé au port de Bombay, où l'attendait un navire en partance pour l'Europe, le transbordement de sa marchandise se ferait par les chargeurs ordinaires du port.

De ce fait, quelques-uns de ses chikaris redevenaient libres, et en particulier Kâlagani.

On sait comment et pourquoi nous nous étions véritablement attachés à cet Indou, depuis les services qu'il avait rendus au colonel Munro et au capitaine Hod.

Lorsque Mathias Van Guitt eut congédié ses hommes, Banks crut voir que Kâlagani ne savait trop que devenir, et il lui demanda s'il lui conviendrait de nous accompagner jusqu'à Bombay.

Kâlagani, après avoir réfléchi un instant, accepta l'offre de l'ingénieur, et le colonel Munro lui témoigna la satisfaction qu'il éprouvait à lui venir en aide en cette occasion. L'Indou allait donc faire partie du personnel de Steam-House, et, par sa connaissance de toute cette partie de l'Inde, il pouvait nous être fort utile.

Le lendemain, le camp était levé. Il n'y avait plus aucun intérêt à prolonger notre halte. Le Géant d'Acier était en pression. Banks donna à Storr l'ordre de se tenir prêt.

Il ne restait plus qu'à prendre congé de notre ami le fournisseur. Ce fut très simple de notre part. De la sienne, ce fut naturellement plus théâtral.

Les remerciements de Mathias Van Guitt pour le service que venait de lui rendre le colonel Munro prirent nécessairement la forme amplicative. Il « joua » remarquablement ce dernier acte, et fut parfait dans la grande scène des adieux. Par un mouvement des muscles de l'avant-bras, sa main droite se plaça en pronation, de telle sorte que la paume en était tournée vers la terre. Cela voulait dire qu'ici-bas, il n'oublierait jamais ce qu'il devait au colonel Munro, et que si la reconnaissance était bannie de ce monde, elle trouverait un dernier asile dans son cœur.

Puis, par un mouvement inverse, il reploya sa main en supination, c'est-à-dire qu'il en retourna la paume, en l'élevant vers le zénith. Ce qui signifiait que, même là-haut, les sentiments ne s'éteindraient pas en lui, et que toute une éternité de gratitude ne saurait acquitter les obligations qu'il avait contractées.

Le colonel Munro remercia Mathias Van Guitt comme il convenait, et, quelques minutes après, le fournisseur des maisons de Hambourg et de Londres avait disparu à nos yeux.

CHAPITRE VII

LE PASSAGE DE LA BETWA

A cette date précise du 18 septembre, voici quelle était exactement notre position, calculée du point de départ, du point de halte, du point d'arrivée :

1° De Calcutta, treize cents kilomètres ;

2° Du sanitarium de l'Himalaya, trois cent quatre-vingts kilomètres ;

3° De Bombay, seize cents kilomètres.

A ne considérer que la distance, nous n'avions pas encore accompli la moitié de notre itinéraire ; mais, en tenant compte des sept semaines que Steam-House avait passées sur la frontière himalayenne, plus de la moitié du temps qui devait être consacré à ce voyage était écoulée. Nous avions quitté Calcutta le 6 mars. Avant deux mois, si rien ne contrariait notre marche, nous pensions avoir atteint le littoral ouest de l'Indoustan.

Notre itinéraire, d'ailleurs, allait être réduit dans une certaine mesure. La résolution prise d'éviter les grandes villes compromises dans la révolte de 1857, nous obligeait à descendre plus directement au sud.

A travers les magnifiques provinces du royaume de Scindià, s'ouvraient de belles routes carrossables, et le Géant d'Acier ne devait rencontrer aucun obstacle, au moins jusqu'aux montagnes du centre. Le voyage promettait donc de s'accomplir dans les meilleures conditions de facilité et de sécurité.

Ce qui devait le rendre plus aisé encore, c'était la présence de Kâlagani dans le personnel de Steam-House. Cet Indou connaissait admirablement toute cette partie de la péninsule. Banks put le constater ce jour-là. Après déjeuner, pendant que le colonel Munro et le capitaine Hod faisaient leur sieste, Banks lui demanda en quelle qualité il avait maintes fois parcouru ces provinces.

« J'étais attaché, répondit Kâlagani, à l'une de ces nombreuses caravanes de Banjaris, qui transportent à dos de bœufs des approvisionnements de céréales, soit pour le compte du gouvernement, soit pour le compte des particuliers. En cette qualité, j'ai vingt fois remonté ou descendu les territoires du centre et du nord de l'Inde.

— Ces caravanes parcourent-elles encore cette partie de la péninsule ? demanda l'ingénieur.

— Oui, monsieur, répondit Kâlagani, et, à cette époque de l'année, je serais bien surpris si nous ne rencontrions pas une troupe de Banjaris en marche vers le nord.

— Eh bien, Kâlagani, reprit Banks, la parfaite connaissance que vous avez de ces territoires nous sera fort utile. Au lieu de passer par les grandes villes du royaume de Scindia, nous irons à travers les campagnes, et vous serez notre guide.

—Volontiers, monsieur, » répondit l'Indou, de ce ton froid qui lui était habituel et auquel je n'étais pas encore parvenu à m'accoutumer.

Puis, il ajouta :

« Voulez-vous que je vous indique d'une façon générale la direction qu'il faudra suivre?

— S'il vous plaît. »

Et, ce disant, Banks étala sur la table une carte à grands points qui retraçait cette portion de l'Inde, afin de contrôler l'exactitude des renseignements de Kâlagani.

« Rien n'est plus simple, reprit l'Indou. Une ligne presque droite va nous conduire du railway de Delhi au railway de Bombay, qui font leur jonction à Allahabad. De la station d'Etawah que nous venons de quitter à la frontière du Bundelkund, il n'y aura qu'un cours d'eau important à franchir, la Jumna, et de cette frontière aux monts Vindhyas, un second cours d'eau, la Betwa. Au cas même où ces deux rivières seraient débordées à la suite de la saison des pluies, le train flottant ne sera pas gêné, je pense, pour passer d'une rive à l'autre.

— Il n'y aura aucune difficulté sérieuse, répondit l'ingénieur; et, une fois arrivés aux Vindhyas?...

— Nous inclinerons un peu vers le sud-est, afin de choisir un col praticable. Là encore, aucun obstacle n'entravera notre marche. Je connais un passage dont les pentes sont modérées. C'est le col de Sirgour, que les attelages prennent de préférence.

— Partout où passent des chevaux, dis-je, notre Géant d'Acier ne peut-il passer ?

— Il le peut certainement, répondit Banks ; mais, au delà du col de Sigour, le pays est très accidenté. N'y aurait-il pas lieu d'aborder les Vindhyas, en prenant direction à travers le Bhopal ?

— Là, les villes sont nombreuses, répondit Kâlagani, il sera difficile de les éviter, et les Cipayes s'y sont plus particulièrement signalés dans la guerre de l'indépendance. »

Je fus un peu surpris de cette qualification, « guerre de l'indépendance », que Kâlagani donnait à la révolte de 1857. Mais il ne fallait pas oublier que c'était un Indou, non un Anglais, qui parlait. Il ne semblait pas, d'ailleurs, que Kâlagani eût pris part à la révolte, ou, du moins, il n'avait jamais rien dit qui pût le faire croire.

« Soit, reprit Banks, nous laisserons les villes du Bhopal dans l'ouest, et si vous êtes certain que le col de Sirgour nous donne accès à quelque route praticable...

— Une route que j'ai souvent parcourue, monsieur, et qui, après avoir contourné le lac Puturia, va, à quarante milles de là, aboutir au railway de Bombay à Allahabad, près de Jubbulpore.

— En effet, répondit Banks, qui suivait sur la carte les indications données par l'Indou ; et à partir de ce point ?...

— La grande route se dirige vers le sud-ouest et longe pour ainsi dire la voie ferrée jusqu'à Bombay.

— C'est entendu, répondit Banks. Je ne vois aucun obstacle sérieux à traverser les Vindhyas, et cet itinéraire nous convient. Aux services que vous nous avez déjà rendus, Kâlagani, vous en ajoutez un autre, que nous n'oublierons pas. »

Kâlagani s'inclina, et il allait se retirer, lorsque, se ravisant, il revint vers l'ingénieur.

« Vous avez une question à me faire ? dit Banks.

— Oui, monsieur, répondit l'Indou. Pourrais-je vous demander pourquoi vous tenez plus particulièrement à éviter les principales villes du Bundelkund ? »

Banks me regarda. Il n'y avait aucune raison pour cacher à Kâlagani ce qui concernait sir Edward Munro, et l'Indou fut mis au courant de la situation du colonel.

Kâlagani écouta très attentivement ce que lui apprit l'ingénieur. Puis, d'un ton qui dénotait quelque surprise :

« Le colonel Munro, dit-il, n'a plus rien à redouter de Nana Sahib, au moins dans ces provinces.

— Ni dans ces provinces ni ailleurs, répondit Banks. Pourquoi dites-vous « dans ces provinces ? »

— Parce que, si le nabab a reparu, comme on l'a prétendu, il y a quelques mois, dans la présidence de Bombay, dit Kâlagani, les recherches n'ont pu faire connaître sa retraite, et il est très probable qu'il a de nouveau franchi la frontière indo-chinoise. »

Cette réponse semblait prouver ceci : c'est que Kâlagani ignorait ce qui s'était passé dans la région des monts Sautpourra, et que, le mois de mai dernier, Nana Sahib avait été tué par des soldats de l'armée royale au pâl de Tandît.

« Je vois, Kâlagani, dit alors Banks, que les nouvelles qui courent l'Inde ont quelque peine à arriver jusqu'aux forêts de l'Himalaya ! »

L'Indou nous regarda fixement, sans répondre, comme un homme qui ne comprend pas.

« Oui, reprit Banks, vous semblez ignorer que Nana Sahib est mort.

— Nana Sahib est mort? s'écria Kâlagani.

— Sans doute, répondit Banks, et c'est le gouvernement qui a fait connaître dans quelles circonstances il a été tué.

— Tué? dit Kâlagani, en secouant la tête. Où donc Nana Sahib aurait-il été tué?

— Au pâl de Tandît, dans les monts Sautpourra.

— Et quand?...

— Il y a près de quatre mois déjà, répondit l'ingénieur, le 25 mai dernier. »

Kâlagani, dont le regard me parut singulier en ce moment, s'était croisé les bras et restait silencieux.

« Avez-vous des raisons, lui demandai-je, de ne pas croire à la mort de Nana Sahib?

— Aucune, messieurs, se contenta de répondre Kâlagani. Je crois ce que vous me dites. »

Un instant après, Banks et moi, nous étions seuls, et l'ingénieur ajoutait, non sans raison :

« Tous les Indous en sont là ! Le chef des Cipayes

révoltés est devenu légendaire. Jamais ces superstitieux ne croiront qu'il a été tué, puisqu'ils ne l'ont pas vu pendre !

— Il en est d'eux, répondis-je, comme des vieux grognards de l'Empire, qui, vingt ans après sa mort, soutenaient que Napoléon vivait toujours ! »

Depuis le passage du haut Gange, que Steam-House avait effectué quinze jours auparavant, un fertile pays développait ses magnifiques routes devant le Géant d'Acier. C'était le Doâb, compris dans cet angle que forment le Gange et la Jumna, avant de se rejoindre près d'Allahabad. Plaines alluvionnaires, défrichées par les brahmanes vingt siècles avant l'ère chrétienne, procédés de culture encore très rudimentaires chez les paysans, grands travaux de canalisation dus aux ingénieurs anglais, champs de cotonniers qui prospèrent plus spécialement sur ce territoire, gémissements de la presse à coton qui fonctionne auprès de chaque village, chant des ouvriers qui la mettent en mouvement, telles sont les impressions qui me sont restées de ce Doâb, où fut autrefois fondée la primitive église.

Le voyage s'accomplissait dans les meilleures conditions. Les sites variaient, on pourrait dire, au gré de notre fantaisie. L'habitation se déplaçait, sans fatigue, pour le plaisir de nos yeux. N'était-ce donc

9.

pas là, ainsi que l'avait prétendu Banks, le dernier mot du progrès dans l'art de la locomotion? Charrettes à bœufs, voitures à chevaux ou à mules, wagons de railways, qu'êtes-vous auprès de nos maisons roulantes!

Le 19 septembre, Steam-House s'arrêtait sur la rive gauche de la Jumna. Cet important cours d'eau délimite dans la partie centrale de la péninsule le pays des Rajahs proprement dit ou Rajasthan, de l'Indoustan, qui est plus particulièrement le pays des Indous.

Une première crue commençait à élever les eaux de la Jumna. Le courant se faisait plus rapidement sentir; mais, tout en rendant notre passage un peu moins facile, il ne pouvait l'empêcher. Banks prit quelques précautions. Il fallut chercher un meilleur point d'atterrissement. On le trouva. Une demi-heure après, Steam-House remontait la berge opposée du fleuve. Aux trains des railways, il faut des ponts établis à grands frais, et l'un de ces ponts, de construction tubulaire, enjambe la Jumna près de la forteresse de Selimgarh, près de Delhi. A notre Géant d'Acier, aux deux chars qu'il remorquait, les cours d'eau offraient une voie aussi facile que les plus belles routes macadamisées de la péninsule.

Au delà de la Jumna, les territoires du Rajasthan

comptent un certain nombre de ces villes que la prévoyance de l'ingénieur voulait écarter de son itinéraire. Sur la gauche, c'était Gwalior, au bord de la rivière de Sawunrika, campée sur son bloc de basalte, avec sa superbe mosquée de Musjid, son palais de Pâl, sa curieuse porte des Éléphants, sa forteresse célèbre, son Vihara de création bouddhique; vieille cité, à laquelle la ville moderne de Lashkar, bâtie à deux kilomètres plus loin, fait maintenant une sérieuse concurrence. Là, au fond de ce Gibraltar de l'Inde, la Rani de Jansi, la compagne dévouée de Nana Sahib, avait lutté héroïquement jusqu'à la dernière heure. Là, dans cette rencontre avec deux escadrons du 8e hussards de l'armée royale, elle fut tuée, on le sait, de la main même du colonel Munro, qui avait pris part à l'action avec un bataillon de son régiment. De ce jour, on le sait aussi, cette implacable haine de Nana Sahib, dont le nabab avait poursuivi la satisfaction jusqu'à son dernier soupir! Oui! mieux valait que sir Edward Munro n'allât pas raviver ses souvenirs aux portes de Gwalior!

Après Gwalior, dans l'ouest de notre nouvel itinéraire, c'était Antri, et sa vaste plaine, d'où émergent çà et là de nombreux pics, comme les îlots d'un archipel. C'était Duttiah, qui ne compte pas encore cinq siècles d'existence, dont on admire les maisons coquettes, la forteresse centrale, les temples à flèches variées, le palais abandonné de Birsing-Deo, l'arsenal de Tôpe-Kana, — le tout formant la capitale de ce royaume de Duttiah, découpé dans l'angle nord du Bundelkund, et qui s'est rangé sous la protection de l'Angleterre. Ainsi que Gwalior, Antri et Duttiah avaient été gravement touchées par le mouvement insurrectionnel de 1857.

C'était enfin Jansi, dont nous passions à moins de quarante kilomètres, à la date du 22 septembre. Cette cité forme la plus importante station militaire du Bundelkund, et l'esprit de révolte y est toujours vivace dans le bas peuple. Jansi, ville relativement moderne, fait un important commerce de mousselines indigènes et de cotonnades bleues. Il ne s'y trouve aucun monument antérieur à sa fondation, qui ne date que du XVIIe siècle. Cependant, il est intéressant de visiter sa citadelle, dont les projectiles anglais n'ont pu détruire les murailles extérieures, et sa nécropole des rajahs, d'un aspect extrêmement pittoresque. Mais là fut la principale forteresse des Cipayes révoltés de l'Inde centrale. Là, l'intrépide Rani provoqua le premier soulèvement qui devait bientôt envahir tout le Bundelkund. Là, sir Hugh Rose dut livrer un combat qui ne dura pas moins de six jours, pendant lequel il perdit quinze pour cent de son effectif. Là, malgré leur acharnement, Tantia Topi, Balao Rao, frère de Nana Sahib, la Rani enfin, bien qu'ils fussent aidés d'une garnison de douze mille Cipayes et secourus par une armée de vingt mille, durent céder à la supériorité des armes anglaises! Là, ainsi que nous l'avait raconté Mac Neil, le colonel Munro avait sauvé la vie de son sergent, en lui faisant aumône de la dernière goutte d'eau qui lui restait. Oui! Jansi, plus que n'importe quelle autre de ces cités aux funestes souvenirs, devait être écartée d'un itinéraire dont les meilleurs amis du colonel avaient choisi les étapes!

Le lendemain, 23 septembre, une rencontre, qui nous retarda pendant quelques heures, vint justifier une des observations précédemment faites par Kâlagani.

Il était onze heures du matin. Le déjeuner achevé, nous étions tous assis pour la sieste, les uns sous la vérandah, les autres dans le salon de Steam-House. Le Géant d'Acier marchait à raison de neuf à dix kilomètres à l'heure. Une magnifique route, ombragée de beaux arbres, se dessinait devant lui entre des champs de cotonniers et de céréales. Le temps était beau, le soleil vif. Un arrosage « municipal » de ce grand chemin n'eût pas été à dédaigner, il faut en convenir, et le vent soulevait une fine poussière blanche en avant de notre train.

Mais ce fut bien autre chose, lorsque, dans une portée de deux ou trois milles, l'atmosphère nous parut emplie de tels tourbillons de poussière, qu'un violent simoun n'eût pas soulevé de plus épais nuage dans le désert lybique.

« Je ne comprends pas comment peut se produire ce phénomène, dit Banks, puisque la brise est légère.

— Kâlagani nous expliquera cela, » répondit le colonel Munro.

On appela l'Indou, qui vint jusqu'à la vérandah, observa la route, et, sans hésiter :

« C'est une longue caravane qui remonte vers le nord, dit-il, et, ainsi que je vous en ai prévenu, monsieur Banks, c'est très probablement une caravane de Banjaris.

— Eh bien, Kâlagani, dit Banks, vous allez sans doute retrouver là quelques-uns de vos anciens compagnons?

— C'est possible, monsieur, répondit l'Indou, puisque j'ai longtemps vécu parmi ces tribus nomades.

— Avez-vous donc l'intention de nous quitter pour vous joindre à eux? demanda le capitaine Hod.

— Nullement, » répondit Kâlagani.

L'Indou ne s'était pas trompé. Une demi-heure plus tard, le Géant d'Acier, si puissant qu'il fût, était forcé de suspendre sa marche devant une muraille de ruminants.

Mais il n'y eut pas lieu de regretter ce retard. Le spectacle qui s'offrait à nos yeux valait la peine d'être observé.

Un troupeau, comptant au moins quatre à cinq mille bœufs, encombrait la route, vers le sud, sur un espace de plusieurs kilomètres. Ainsi que venait de l'annoncer Kâlagani, ce convoi de ruminants appartenait à une caravane de Banjaris.

« Les Banjaris, nous dit Banks, sont les véritables Zingaris de l'Indoustan. Peuple plutôt que tribu, sans demeure fixe, ils vivent l'été sous la tente, l'hiver sous la hutte. Ce sont les porte-faix de la péninsule, et je les ai vus à l'œuvre pendant l'insurrection de 1857. Par une sorte de convention tacite entre les belligérants, on laissait leurs convois traverser les provinces troublées par la révolte. C'étaient, en effet, les approvisionneurs du pays, et ils nourrissaient aussi bien l'armée royale que l'armée native. S'il fallait absolument leur assigner une patrie dans l'Inde, à ces nomades, ce serait le Rapoutana, et plus spécialement peut-être le royaume de Milwar. Mais, puisqu'ils vont défiler devant nous, mon cher Maucler, je vous engage à examiner attentivement ces Banjaris. »

Notre train s'était prudemment rangé sur l'un des côtés de la grande route. Il n'aurait pu résister à cette avalanche de bêtes cornues, devant laquelle les fauves eux-mêmes n'hésitent pas à déguerpir.

Ainsi que me l'avait recommandé Banks, j'observai avec attention ce long cortège; mais, auparavant, je dois constater que Steam-House, en cette circonstance, ne parut pas produire son effet ordinaire. Le Géant d'Acier, si habitué à provoquer l'admiration générale, attira à peine l'attention de ces Banjaris, accoutumés sans doute à ne s'étonner de rien.

Hommes et femmes de cette race bohémienne étaient admirables; — ceux-là grands, vigoureux, les traits fins, le nez aquilin, les cheveux bouclés, couleur d'un bronze dans lequel le cuivre rouge dominerait l'étain, vêtus de la longue tunique et du turban, armés de la lance, du bouclier, de la rondache et de la grande épée qui se porte en sautoir; — celles-là, hautes de stature, bien proportionnées, fières comme les hommes de leur clan, le buste emprisonné dans un corselet, le bas du corps perdu sous les plis d'une large jupe, le tout enveloppé, de la tête aux pieds, dans une draperie élégante, bijoux aux oreilles, colliers au cou, bracelets aux bras, anneaux aux chevilles, en or, en ivoire, en coquillages.

Près de ces hommes, femmes, vieillards, enfants, marchaient d'un pas paisible des milliers de bœufs, sans selle ni licou, agitant les glands rouges ou faisant sonner les clochettes de leurs têtes, portant sur l'échine un double sac, qui contient le blé ou autres céréales.

C'était là une tribu tout entière, partie en caravane, sous la direction d'un chef élu, le « naik », dont le pouvoir est sans limite pendant la durée de son mandat. A lui seul de diriger le convoi, de fixer les heures de halte, de disposer les lignes de campement.

En tête marchait un taureau de grande taille, aux allures superbes, drapé d'étoffes éclatantes, agrémenté d'une grappe de sonnettes et d'ornements de coquillages. Je demandai à Banks s'il savait quelles étaient les fonctions de ce magnifique animal.

« Kâlagani pourrait nous le dire avec certitude, répondit l'ingénieur. Où donc est-il? »

Kâlagani fut appelé. Il ne parut pas. On le chercha. Il n'était plus à Steam-House.

« Il est allé sans doute renouveler connaissance avec quelqu'un de ses anciens compagnons, dit le colonel Munro, mais il nous rejoindra avant le départ. »

Rien de plus naturel. Aussi n'y avait-il pas à s'inquiéter de l'absence momentanée de l'Indou; et, cependant, à part moi, elle ne laissa pas de me préoccuper.

« Eh bien, dit alors Banks, si je ne me trompe, ce taureau, dans les caravanes de Banjaris, est le représentant de leur divinité. Par où il va, on va. Quand il s'arrête, on campe, mais j'imagine bien qu'il obéit secrètement aux injonctions du naïk. Bref, c'est en lui que se résume toute la religion de ces nomades. »

Ce ne fut que deux heures après le commencement du défilé, que nous commençâmes à apercevoir la fin de cet interminable cortège. Je cherchais Kâlagani dans l'arrière-garde, lorsqu'il parut, accompagné d'un Indou qui n'appartenait pas au type banjari. Sans doute, c'était un de ces indigènes qui louent temporairement leurs services aux caravanes, ainsi que l'avait fait plusieurs fois Kâlagani. Tous deux causaient froidement, à mi-lèvres, pourrait-on dire. De qui ou de quoi parlaient-ils? Probablement du pays que venait de traverser la tribu en marche, — pays dans lequel nous allions nous engager sous la direction de notre nouveau guide.

Cet indigène, qui était resté à la queue de la caravane, s'arrêta un instant en passant devant Steam-House. Il observa avec intérêt le train précédé de son éléphant artificiel, et il me sembla qu'il regardait plus particulièrement le colonel Munro, mais il ne nous adressa pas la parole. Puis, faisant un signe d'adieu à Kâlagani, il rejoignit le cortège et eut bientôt disparu dans un nuage de poussière.

Lorsque Kâlagani fut revenu près de nous, il s'adressa au colonel Munro sans attendre d'être interrogé :

« Un de mes anciens compagnons, qui est depuis deux mois au service de la caravane, » se contenta-t-il de dire.

Ce fut tout. Kâlagani reprit sa place dans notre train, et bientôt Steam-House courait sur la route, frappée de larges empreintes par le sabot de ces milliers de bœufs.

Le lendemain, 24 septembre, le train s'arrêtait pour passer la nuit à cinq ou six kilomètres dans l'est d'Ourtcha, sur la rive gauche de la Betwa, l'un des principaux tributaires de la Jumna.

D'Ourtcha, rien à dire ni à voir. C'est l'ancienne

capitale du Bundelkund, une ville qui fut florissante dans la première moitié du dix-septième siècle. Mais les Mongols d'une part, les Maharates de l'autre, lui portèrent de terribles coups, dont elle ne se releva pas. Et, maintenant, l'une des grandes cités de l'Inde centrale n'est plus qu'une bourgade, qui abrite misérablement quelques centaines de paysans.

J'ai dit que nous étions venus camper sur les bords de la Betwa. Il est plus juste de dire que le train fit halte à une certaine distance de sa rive gauche.

En effet, cet important cours d'eau, en pleine crue, débordait alors de son lit et recouvrait largement ses berges. De là quelques difficultés, peut-être, pour effectuer notre passage. Ce serait à examiner le lendemain. La nuit était déjà trop sombre pour permettre à Banks d'aviser.

Il s'ensuit donc qu'aussitôt après la sieste du soir, chacun de nous regagna sa cabine et alla se coucher.

Jamais, à moins de circonstances particulières, nous ne faisions surveiller le campement pendant la nuit. A quoi bon? Pouvait-on enlever nos maisons roulantes? Non! Pouvait-on voler notre éléphant? Pas davantage. Il se serait défendu rien que par son propre poids. Quant à la possibilité d'une attaque de la part des quelques maraudeurs qui courent ces provinces, c'eût été bien invraisemblable. D'ailleurs, si aucun de nos gens ne montait la garde pendant la nuit, les deux chiens, Phann et Black, étaient là, qui nous auraient prévenus de toute approche suspecte.

C'est précisément ce qui arriva pendant cette nuit. Vers deux heures du matin, des aboiements nous réveillèrent. Je me levai aussitôt et trouvai mes compagnons sur pied.

« Qu'y a-t-il donc? demanda le colonel Munro.

— Les chiens aboient, répondit Banks, et, certainement, ils ne le font pas sans raison.

— Quelque panthère qui aura toussé dans les fourrés voisins! dit le capitaine Hod. Descendons, visitons la lisière du bois, et, par précaution, prenons nos fusils. »

Le sergent Mac Neil, Kâlagani, Goûmi, étaient déjà sur le front du campement, écoutant, discutant, tâchant de se rendre compte de ce qui se passait dans l'ombre. Nous les rejoignîmes.

« Eh bien, dit le capitaine Hod, n'avons-nous pas affaire à deux ou trois fauves qui seront venus boire sur la berge?

— Kâlagani ne le pense pas, répondit Mac Neil.

— Qu'y a-t-il, selon vous? demanda le colonel Munro à l'Indou, qui venait de nous rejoindre.

— Je ne sais, colonel Munro, répondit Kâlagani, mais il ne s'agit là ni de tigres, ni de panthères, ni même de chacals. Je crois entrevoir sous les arbres une masse confuse...

— Nous le saurons bien! s'écria le capitaine Hod, songeant toujours au cinquantième tigre qui lui manquait.

— Attendez, Hod, lui dit Banks. Dans le Bundelkund, il est toujours bon de se défier des coureurs de grandes routes.

— Nous sommes en nombre et bien armés! répondit le capitaine Hod. Je veux en avoir le cœur net!

— Soit! » dit Banks.

Les deux chiens aboyaient toujours, mais sans manifester aucun symptôme de cette colère qu'eût inévitablement provoquée l'approche d'animaux féroces.

« Munro, dit alors Banks, demeure au campement avec Mac Neil et les autres. Pendant ce temps, Hod, Maucler, Kâlagani et moi, nous irons en reconnaissance.

— Venez-vous? » cria le capitaine Hod, qui, en même temps, fit signe à Fox de l'accompagner.

Phann et Black, déjà sous le couvert des premiers arbres, montraient le chemin. Il n'y avait qu'à les suivre.

A peine étions-nous sous bois, qu'un bruit de pas se fit entendre. Évidemment, une troupe nombreuse battait l'estrade sur la lisière de notre campement. On entrevoyait quelques ombres silencieuses, qui s'enfuyaient à travers les fourrés.

Les deux chiens, courant, aboyant, allaient et venaient à quelques pas en avant.

« Qui va là ? » cria le capitaine Hod.

Pas de réponse.

«Ou ces gens-là ne veulent pas répondre, dit Banks, ou ils ne comprennent pas l'anglais.

— Eh bien, ils comprennent l'indou, répondis-je.

— Kâlagani, dit Banks, criez en indou que si l'on ne répond pas, nous faisons feu. »

Kâlagani, employant l'idiome particulier aux indigènes de l'Inde centrale, donna l'ordre aux rôdeurs d'avancer. Pas plus de réponse que la première fois.

Un coup de fusil éclata alors. L'impatient capitaine Hod venait de tirer, au jugé, sur une ombre qui se dérobait entre les arbres.

Une confuse agitation suivit la détonation de la carabine. Il nous sembla que toute une troupe d'individus se dispersait à droite et à gauche. Cela fut même certain, lorsque Phann et Black, qui s'étaient lancés en avant, revinrent tranquillement, ne donnant plus aucun signe d'inquiétude.

« Quels qu'ils soient, rôdeurs ou maraudeurs, dit le capitaine Hod, ces gens-là ont battu vite en retraite!

— Évidemment, répondit Banks, et nous n'avons plus qu'à revenir à Steam-House. Mais, par précaution, on veillera jusqu'au jour. »

Quelques instants après, nous avions rejoint nos compagnons. Mac Neil, Goûmi, Fox, s'arrangèrent pour prendre à tour de rôle la garde du camp, pendant que nous regagnions nos cabines.

La nuit s'acheva sans trouble. Il y avait donc lieu de penser que, voyant Steam-House bien défendue, les visiteurs avaient renoncé à prolonger leur visite.

Le lendemain, 25 septembre, tandis que se faisaient les préparatifs du départ, le colonel Munro, le capitaine Hod, Mac Neil, Kâlagani et moi, nous voulûmes explorer une dernière fois la lisière de la forêt.

De la bande qui s'y était aventurée pendant la nuit, il ne restait aucune trace. En tout cas, nulle nécessité de s'en préoccuper.

Lorsque nous fûmes de retour, Banks prit ses dispositions pour effectuer le passage de la Betwa. Cette rivière, largement débordée, promenait ses eaux jaunâtres bien au delà de ses berges. Le courant se déplaçait avec une extrême rapidité, et il serait nécessaire que le Géant d'Acier lui fît tête, afin de ne pas être entraîné trop en aval.

L'ingénieur s'était d'abord occupé de trouver l'endroit le plus propice au débarquement. Sa longue-vue aux yeux, il essayait de découvrir le point où il conviendrait d'atteindre la rive droite. Le lit de la Betwa se développait, en cette portion de son cours sur une largeur d'un mille environ. Ce serait donc le plus long trajet nautique que le train flottant aurait eu à faire jusqu'ici.

« Mais, demandai-je, comment s'y prennent les voyageurs ou les marchands, lorsqu'ils se trouvent arrêtés devant les cours d'eau par de pareilles crues? Il me semble difficile que des bacs puissent résister à de tels courants, qui ressemblent à des rapides.

— Eh bien, répondit le capitaine Hod, rien n'est plus simple! Ils ne passent pas!

— Si, répondit Banks, ils passent, quand ils ont des éléphants à leur disposition.

— Eh quoi! des éléphants peuvent-ils donc franchir de telles distances à la nage?

— Sans doute, et voici comment on procède, répondit l'ingénieur. Tous les bagages sont placés sur le dos de ces...

— Proboscidiens!... dit le capitaine Hod, en souvenir de son ami Mathias Van Guitt.

— Et les mahouts les forcent d'entrer dans le courant, reprit Banks. Tout d'abord, l'animal hésite, il recule, il pousse des hennissements ; mais, prenant bientôt son parti, il entre dans le fleuve, il se met à la nage et traverse bravement le cours d'eau. Quelques-uns, j'en conviens, sont parfois entraînés et disparaissent au milieu des rapides ; mais c'est assez rare, lorsqu'ils sont dirigés par un guide adroit.

— Bon ! dit le capitaine Hod, si nous n'avons pas « des » éléphants, nous en avons un...

— Et celui-là nous suffira, répondit Banks. N'est-il pas semblable à cet *Oructor Amphibolis* de l'Américain Evans, qui, dès 1804, roulait sur la terre et nageait sur les eaux ? »

Chacun reprit sa place dans le train, Kâlouth à son foyer, Storr dans sa tourelle, Banks près de lui, faisant office de timonier.

Il fallait franchir une cinquantaine de pieds sur la berge inondée, avant d'atteindre les premières nappes du courant. Doucement, le Géant d'Acier s'ébranla et se mit en marche. Ses larges pattes se mouillèrent, mais il ne flottait pas encore. Le passage du terrain solide à la surface liquide ne devait se faire qu'avec précaution.

Soudain, le bruit de cette agitation qui s'était produite pendant la nuit, se propagea jusqu'à nous.

Une centaine d'individus, gesticulant et grimaçant, venaient de sortir du bois

« Mille diables! C'étaient des singes! » s'écria le capitaine Hod, en riant de bon cœur.

Et, en effet, toute une troupe de ces représentants de la gent simiesque s'avançait vers Steam-House en un groupe compact.

« Que veulent-ils? demanda Mac Neil.

— Nous attaquer, sans doute! répondit le capitaine Hod, toujours prêt à la défense.

— Non! Il n'y a rien à craindre, dit Kâlagani, qui avait eu le temps d'observer la bande de singes.

— Mais enfin que veulent-ils? demanda une seconde fois le sergent Mac Neil.

— Passer la rivière en notre compagnie, et rien de plus! » répondit l'Indou.

Kâlagani ne se trompait pas. Nous n'avions point affaire à des gibbons aux longs bras velus, importuns et insolents, ni à des « membres de l'aristocratique famille » qui habite le palais de Bénarès. C'étaient des singes de l'espèce des Langours, les plus grands de la péninsule, souples quadrumanes, à la peau noire, à la face glabre, entourée d'un collier de favoris blancs, qui leur donne l'aspect de vieux avocats. En fait de poses bizarres et de gestes démesurés, ils en auraient remontré à Mathias Van Guitt lui-même

Leur fourrure chinchilla était grise au dos, blanche au ventre, et ils portaient la queue en trompette.

Ce que j'appris alors, c'est que ces Langours sont des animaux sacrés dans toute l'Inde. Une légende dit qu'ils descendent de ces guerriers du Rama qui conquirent l'île de Ceylan.

A Amber, ils occupent un palais, le Zenanah, dont ils font amicalement les honneurs aux touristes. Il est expressément défendu de les tuer, et la désobéissance à cette loi a déjà coûté la vie à plusieurs officiers anglais.

Ces singes, assez doux de caractère, facilement domesticables, sont très dangereux lorsqu'on les attaque, et, s'ils ne sont que blessés, M. Louis Rousselet a pu justement dire qu'ils devenaient aussi redoutables que des hyènes ou des panthères.

Mais il n'était pas question d'attaquer ces Langours, et le capitaine Hod mit son fusil au repos.

Kâlagani avait-il donc raison de prétendre que toute cette troupe, n'osant affronter le courant de ces eaux débordées, voulait profiter de notre appareil flottant pour passer la Betwa?

C'était possible, et nous l'allions bien voir.

Le Géant d'Acier, qui avait traversé la berge, venait d'atteindre le lit de la rivière. Bientôt tout le train y flotta avec lui. Un coude de la rive produisait en cet endroit une sorte de remous d'eaux stagnantes; et, tout d'abord, Steam-House demeura à peu près immobile.

La troupe de singes s'était approchée et barbottait déjà dans la nappe peu profonde qui recouvrait le talus de la berge.

Pas de démonstrations hostiles. Mais, tout à coup, les voilà, mâles, femelles, vieux, jeunes, gambadant, sautant, se prenant par la main, et, finalement, bondissant jusque sur le train qui semblait les attendre.

En quelques secondes, il y en eut dix sur le Géant d'Acier, trente sur chacune des maisons, en tout une centaine, gais, familiers, on pourrait dire causeurs, — du moins entre eux, — et se félicitant, sans doute, d'avoir rencontré si à propos un appareil de navigation qui leur permît de continuer leur voyage.

Le Géant d'Acier entra aussitôt dans le courant, et, se tournant vers l'amont, il lui fit tête.

Banks avait pu un instant craindre que le train ne fût trop pesant avec cette surcharge de passagers.

Il n'en fut rien. Ces singes s'étaient répartis d'une façon fort judicieuse. Il y en avait sur la croupe, sur la tourelle, sur le cou de l'éléphant, jusqu'à l'extrémité de sa trompe, et qui ne s'effrayaient nullement des jets de vapeur. Il y en avait sur les toits arrondis de nos pagodes, les uns accroupis, les autres debout, ceux-ci arcboutés sur leurs pattes, ceux-là pendus par la queue, même sous la vérandah des balcons. Mais Steam-House se maintenait dans sa ligne de flottaison, grâce à l'heureuse disposition de ses boîtes à air, et il n'y avait rien à redouter de cet excès de poids.

Le capitaine Hod et Fox étaient émerveillés, — le brosseur surtout. Pour un peu, il eût fait les honneurs de Steam-House à cette troupe grimaçante et sans gêne. Il parlait à ces Langours, il leur serrait la main, il les saluait du chapeau. Il aurait volontiers épuisé toutes les sucreries de l'office, si monsieur Parazard, formalisé de se trouver dans une société pareille, n'y eût mis bon ordre.

Cependant, le Géant d'Acier travaillait rudement de ses quatre pattes, qui battaient l'eau et fonctionnaient comme de larges pagaies. Tout en dérivant, il suivait la ligne oblique par laquelle nous devions gagner le point d'atterrissement.

Une demi-heure après, il l'avait atteint; mais, à peine eut-il accosté la rive, que toute la troupe de ces clowns quadrumanes sauta sur la berge et disparut avec force gambades.

« Ils auraient bien pu dire merci ! » s'écria Fox, mécontent du sans-façon de ces compagnons de passage.

Un éclat de rire lui répondit. C'était tout ce que méritait l'observation du brosseur.

CHAPITRE VIII

HOD CONTRE BANKS

La Betwa était franchie. Cent kilomètres nous séparaient déjà de la station d'Etawah.

Quatre jours s'écoulèrent sans incidents, — pas même des incidents de chasse. Les fauves étaient peu nombreux dans cette partie du royaume de Scindia.

« Décidément, répétait le capitaine Hod, non sans un certain dépit, j'arriverai à Bombay sans avoir tué mon cinquantième ! »

Kâlagani nous guidait avec une merveilleuse sagacité à travers cette portion la moins peuplée du territoire dont il connaissait bien la topographie, et, le 29 septembre, le train commençait à monter le revers septentrional des Vindhyas, afin d'aller prendre passage au col de Sirgour.

Jusqu'ici notre traversée du Bundelkund s'était effectuée sans encombre. Ce pays, cependant, est l'un des plus suspects de l'Inde. Les criminels y cherchent volontiers refuge. Les coureurs de grands chemins n'y manquent pas. C'est là que les Dacoits se livrent plus particulièrement à leur double métier d'empoisonneurs et de voleurs. Il est donc prudent de se garder très sérieusement, lorsqu'on traverse ce territoire.

La partie la plus mauvaise du Bundelkund est précisément cette région montagneuse des Vindhyas, dans laquelle Steam-House allait pénétrer. Le parcours n'était pas long, — cent kilomètres au plus, — jusqu'à Jubbulpore, la station la plus rapprochée du railway de Bombay à Allahabad. Mais, de marcher aussi rapidement, aussi aisément que nous l'avions fait à travers les plaines du Scindia, il n'y fallait pas compter. Pentes assez raides, routes insuffisamment établies, sol rocailleux, tournants brusques, étroitesse de certaines portions des chemins, tout devait concourir à réduire la moyenne de notre vitesse. Banks ne pensait pas obtenir plus de quinze à vingt kilomètres dans les dix heures dont se composaient nos journées de marche. J'ajoute que, jour et nuit, on prendrait soin de surveiller l'abord des routes et des campements avec une extrême vigilance.

Kâlagani avait été le premier à nous donner ces conseils. Ce n'est pas que nous ne fussions en force et bien armés. Notre petite troupe, avec ses deux maisons et cette tourelle, — véritable casemate que le Géant d'Acier portait sur son dos, — offrait une certaine « surface de résistance », pour employer une expression à la mode. Des maraudeurs, Dacoïts ou autres, fût-ce même des Thugs, — s'il en restait encore dans cette portion sauvage du Bundelkund, — eussent hésité, sans doute, à nous assaillir. Enfin, la prudence n'est jamais un mal, et mieux valait être prêts à toute éventualité.

Pendant les premières heures de cette journée, le col de Sirgour fut atteint, et le train s'y engagea sans trop de peine. Par instants, en remontant des défilés un peu ardus, il fallut forcer de vapeur; mais le Géant d'Acier, sous la main de Storr, déployait instantanément la puissance nécessaire, et, plusieurs fois, certaines rampes de douze à quinze centimètres par mètre furent franchies.

Quant aux erreurs d'itinéraire, il ne semblait pas qu'elles fussent à craindre. Kâlagani connaissait parfaitement ces sinueuses passes de la région des Vindhyas, et plus particulièrement ce col de Sirgour. Aussi n'hésitait-il jamais, même lorsque plusieurs routes venaient s'amorcer à quelque carrefour perdu dans les hautes roches, au fond de gorges resserrées, au milieu de ces épaisses forêts d'arbres alpestres qui limitaient à deux ou trois centaines de pas la portée du regard. S'il nous quittait parfois, s'il allait en avant, tantôt seul, tantôt accompagné de Banks, de moi ou de tout autre de nos compagnons, c'était pour reconnaître, non la route, mais son état de viabilité.

En effet, les pluies, pendant l'humide saison qui venait à peine de finir, n'étaient pas sans avoir détérioré les chaussées, raviné le sol, — circonstances dont il convenait de tenir compte, avant de s'engager sur des chemins où le recul n'eût pas été facile.

Au simple point de vue de la locomotion, tou allait donc aussi bien que possible. La pluie avait absolument cessé. Le ciel, à demi voilé par de légères brumes qui tamisaient les rayons solaires, ne contenait aucune menace de ces orages dont on redoute particulièrement la violence dans la région centrale de la péninsule. La chaleur, sans être intense, ne laissait pas de nous éprouver un peu pendant quelques heures du jour; mais, en somme, la température se tenait à un degré moyen, très supportable pour des voyageurs parfaitement clos et couverts. Le menu gibier ne manquait pas, et nos chasseurs pourvoyaient aux besoins de la table, sans s'écarter de Steam-House plus qu'il ne convenait.

Seul, le capitaine Hod, — Fox aussi, sans doute, — pouvaient regretter l'absence de ces fauves, qui abondaient dans le Tarryani. Mais devaient-ils s'attendre à rencontrer des lions, des tigres, des panthères, là où les ruminants, nécessaires à leur nourriture, faisaient défaut ?

Cependant, si ces carnassiers manquaient à la faune des Vindhyas, l'occasion se présenta pour nous de faire plus amplement connaissance avec les éléphants de l'Inde, — je veux dire les éléphants sauvages, dont nous n'avions aperçu jusqu'ici que de rares échantillons.

Ce fut dans la journée du 30 septembre, vers midi, qu'un couple de ces superbes animaux fut signalé à l'avant du train. A notre approche, ils se jetèrent sur les côtés de la route, afin de laisser passer cet équipage nouveau pour eux, qui les effrayait sans doute.

Les tuer sans nécessité, par pure satisfaction de chasseur, à quoi bon ? Le capitaine Hod n'y songea même pas. Il se contenta d'admirer ces magnifiques bêtes, en pleine liberté, parcourant ces gorges désertes, où ruisseaux, torrents et pâturages devaient suffire à tous leurs besoins.

« Une belle occasion, dit-il, qu'aurait là notre ami Van Guitt de nous faire un cours de zoologie pratique ! »

On sait que l'Inde est, par excellence, le pays des éléphants. Ces pachydermes appartiennent tous à une même espèce, qui est un peu inférieure à celle des éléphants d'Afrique, — aussi bien ceux qui parcourent les différentes provinces de la péninsule, que ceux dont on va rechercher les traces dans la Birmanie, dans le royaume de Siam et jusque dans tous les territoires situés à l'est du golfe de Bengale.

Comment les prend-on ? Le plus ordinairement, dans un « kiddah », enceinte entourée de palissades. Lorsqu'il s'agit de capturer un troupeau tout entier, les chasseurs, au nombre de trois à quatre cents, sous la conduite spéciale d'un « djamadar » ou sergent indigène, les repoussent peu à peu dans le kiddah, les y enferment, les séparent les uns des autres avec l'aide d'éléphants domestiques, dressés *ad hoc*, les entravent aux pieds de derrière, et la capture est opérée.

Mais cette méthode, qui exige du temps et un certain déploiement de forces, est le plus souvent inefficace, lorsqu'on veut s'emparer des gros mâles. Ceux-là, en effet, sont des animaux plus malins, assez intelligents pour forcer le cercle des rabatteurs, et ils savent éviter leur emprisonnement dans le kiddah. Aussi, des femelles apprivoisées sont-elles chargées de suivre ces mâles pendant quelques jours. Elles portent sur leur dos leurs mahouts, enveloppés dans des couvertures de couleur sombre, et, lorsque les éléphants, qui ne se doutent de rien, se livrent tranquillement aux douceurs du sommeil, ils sont saisis, enchaînés, entraînés, sans même avoir eu le temps de se reconnaître.

Autrefois, — j'ai déjà eu occasion de le dire, — on capturait les éléphants au moyen de fosses, creusées sur leurs pistes, et profondes d'une quinzaine de pieds; mais, dans sa chute, l'animal se blessait, ou se tuait, et l'on a presque généralement renoncé à ce moyen barbare.

Enfin, le lasso est encore employé dans le Bengale et dans le Népaul. C'est une vraie chasse, avec d'intéressantes péripéties. Des éléphants, bien dressés, sont montés par trois hommes. Sur leur cou, un mahout, qui les dirige; sur leur arrière-train, un aiguillonneur, qui les stimule du maillet ou du croc; sur leur dos, l'Indou, qui est chargé de lancer le lasso, muni de son nœud coulant. Ainsi équipés, ces pachydermes poursuivent l'éléphant sauvage, pendant des heures quelquefois, au milieu des plaines, à travers les forêts, souvent pour le plus grand dommage de ceux qui les montent, et, finalement, la bête, une fois « lassée », tombe lourdement sur le sol, à la merci des chasseurs.

Avec ces diverses méthodes, il se prend annuellement dans l'Inde un grand nombre d'éléphants. Ce n'est pas une mauvaise spéculation. On vend jusqu'à sept mille francs une femelle, vingt mille un mâle, et même cinquante mille francs, lorsqu'il est pur sang.

Sont-ils donc réellement utiles, ces animaux, qu'on les paye de tels prix? Oui, et, à condition de les nourrir convenablement, — soit six à sept cents livres de fourrage vert par dix-huit heures, c'est-à-dire à peu près ce qu'ils peuvent porter en poids pour une étape moyenne, on en obtient de réels services: transport de soldats et d'approvisionnements militaires, transport de l'artillerie dans les pays montagneux ou dans les jungles inaccessibles aux chevaux, travaux de force pour le compte des particuliers qui les emploient comme bêtes de trait. Ces géants, puissants et dociles, facilement et rapidement dressables, par suite d'un instinct spécial qui les porte à l'obéissance, sont d'un emploi général dans les diverses provinces de l'Indoustan. Or, comme ils ne multiplient pas à l'état de domesticité, il faut les chasser sans cesse pour suffire aux demandes de la péninsule et de l'étranger.

Aussi les poursuit-on, les traque-t-on, les prend-on par les moyens susdits. Et cependant, malgré la consommation qui s'en fait, leur nombre ne paraît pas diminuer; il en reste en quantités considérables sur les divers territoires de l'Inde.

Et, j'ajoute, il en reste « trop », ainsi qu'on va bien le voir

Les deux éléphants s'étaient rangés, comme je l'ai dit, de manière à laisser passer notre train; mais, après lui, ils avaient repris leur marche, un moment interrompue. Presque aussitôt, d'autres éléphants apparaissaient en arrière, et, pressant le pas, rejoignaient le couple que nous venions de dépasser. Un quart d'heure plus tard, on en pouvait compter une douzaine. Ils observaient Steam-House, ils nous suivaient, se tenant à une distance de cinquante mètres au plus. Ils ne paraissaient point désireux de nous rattraper; de nous abandonner, pas davantage. Or, cela leur était d'autant plus facile, que, sur ces rampes qui contournaient les principales croupes des Vindhyas, le Géant d'Acier ne pouvait accélérer son pas.

Un éléphant, d'ailleurs, sait se mouvoir avec une vitesse plus considérable qu'on n'est tenté de le croire, — vitesse qui, suivant M. Sanderson, très compétent en cette matière, dépasse quelquefois vingt-cinq kilomètres à l'heure. A ceux qui étaient là, rien de plus aisé, conséquemment, soit de nous atteindre, soit de nous devancer.

Mais il ne paraissait pas que ce fût leur intention, — en ce moment du moins. Se réunir en plus grand nombre, c'est ce qu'ils voulaient sans doute. En effet, à certains cris, lancés comme un appel par leur vaste gosier, répondaient des cris de retardataires qui suivaient le même chemin.

Vers une heure après-midi, une trentaine d'éléphants, massés sur la route, marchaient à notre suite. C'était maintenant toute une bande. Rien ne prouvait que leur nombre ne s'accroîtrait pas encore. Si un troupeau de ces pachydermes se compose ordinairement de trente à quarante individus, qui forment une famille de parents plus ou moins rapprochés, il n'est pas rare de rencontrer des agglomérations d'une centaine de ces animaux, et les voyageurs ne sauraient envisager sans une certaine inquiétude cette éventualité. Le colonel Munro, Banks, Hod, le sergent, Kâlagani, moi, nous avions pris place sous la vérandah de la seconde voiture, et nous observions ce qui se passait à l'arrière.

« Leur nombre augmente encore, dit Banks, et il s'accroîtra sans doute de tous les éléphants dispersés sur le territoire !

— Cependant, fis-je observer, ils ne peuvent s'entendre au delà d'une distance assez restreinte.

— Non, répondit l'ingénieur, mais ils se sentent, et telle est la finesse de leur odorat, que des éléphants domestiques reconnaissent la présence d'éléphants sauvages, même à trois ou quatre milles.

— C'est une véritable migration, dit alors le colonel Munro. Voyez! Il y a là, derrière notre train, tout un troupeau, séparé par groupes de dix à douze éléphants, et ces groupes viennent prendre part au mouvement général. Il faudra presser notre marche, Banks.

— Le Géant d'Acier fait ce qu'il peut, Munro, répondit l'ingénieur. Nous sommes à cinq atmosphères de pression, il y a du tirage, et la route est très raide!

— Mais à quoi bon se presser? s'écria le capitaine Hod, dont ces incidents ne manquaient jamais d'exciter la bonne humeur. Laissons-les nous accompagner, ces aimables bêtes! C'est un cortège digne de notre train! Le pays était désert, il ne l'est plus, et voilà que nous marchons escortés comme des rajahs en voyage!

— Les laisser faire, répondit Banks, il le faut bien! Je ne vois pas, d'ailleurs, comment nous pourrions les empêcher de nous suivre!

« — Mais que craignez-vous? demanda le capitaine Hod. Vous ne l'ignorez pas, un troupeau est toujours moins redoutable qu'un éléphant solitaire ! Ces animaux-là sont excellents !... Des moutons, de grands moutons à trompe, voilà tout !

— Bon! Hod qui s'enthousiasme déjà ! dit le colonel Munro. Je veux bien convenir que, si ce troupeau reste en arrière et conserve sa distance, nous n'avons rien à redouter ; mais s'il lui prend fantaisie de vouloir nous dépasser sur cette étroite route, il en pourrait résulter plus d'un dommage pour Steam-House !

— Sans compter, ajoutai-je, que lorsqu'ils se trouveront, pour la première fois, face à face avec notre Géant d'Acier, je ne sais trop quel accueil ils lui feront !

— Ils le salueront, mille diables ! s'écria le capitaine Hod. Ils le salueront comme l'ont salué les éléphants du prince Gourou Singh !

— Ceux-là étaient des éléphants apprivoisés, fit observer, non sans raison, le sergent Mac Neil.

— Eh bien, riposta le capitaine Hod, ceux-ci s'apprivoiseront, ou plutôt, devant notre géant, ils seront frappés d'un étonnement qui se changera en respect ! »

On voit que notre ami n'avait rien perdu de son

enthousiasme pour l'éléphant artificiel, « ce chef-d'œuvre de la création mécanique, créé par la main d'un ingénieur anglais ! »

« D'ailleurs, ajouta-t-il, ces proboscidiens, — il tenait véritablement à ce mot, — ces proboscidiens sont très intelligents, ils raisonnent, ils jugent, ils comparent, ils associent leurs idées, ils font preuve d'une intelligence quasi humaine !

— Cela est contestable, répondit Banks.

— Comment, contestable ! s'écria le capitaine Hod. Mais il ne faudrait pas avoir vécu aux Indes pour parler ainsi ! Est-ce qu'on ne les emploie pas, ces dignes animaux, à tous les usages domestiques ? Y a-t-il un serviteur à deux pieds sans plumes qui puisse les égaler ? Dans la maison de son maître, l'éléphant n'est-il pas prêt à tous les bons offices ? Ne savez-vous donc pas, Maucler, ce qu'en disent les auteurs qui l'ont le mieux connu ? A les en croire, l'éléphant est prévenant pour ceux qu'il aime, il les décharge de leurs fardeaux, il va cueillir pour eux des fleurs ou des fruits, il quête pour la communauté comme le font les éléphants de la célèbre pagode de Willenoor, près de Pondichéry, il paye dans les bazars les cannes à sucre, les bananes ou les mangues qu'il achète pour son propre compte, il protège dans le Sunderbund les troupeaux et l'habitation de son maître contre les fauves, il pompe l'eau des citernes, il promène les enfants qu'on lui confie avec plus de soin que la meilleure des bonnes de toute l'Angleterre! Et humain, reconnaissant, car sa mémoire est prodigieuse, il n'oublie pas plus les bienfaits que les injustices! Tenez, mes amis, à ces géants de l'humanité, — oui, je dis de l'humanité, — on ne ferait pas écraser un inoffensif insecte! Un de mes amis, — ce sont là des traits qu'on ne peut oublier, — a vu placer une petite bête à bon Dieu sur une pierre, et ordonner à un éléphant domestique de l'écraser! Eh bien, l'excellent pachyderme levait sa patte toutes les fois qu'il passait au-dessus de la pierre, et ni ordres ni coups ne l'auraient déterminé à la poser sur l'insecte! Bien au contraire, si on lui commandait de l'apporter, il le prenait délicatement avec cette sorte de main merveilleuse qu'il a au bout de sa trompe, et il lui donnait la liberté! Direz-vous, maintenant, Banks, que l'éléphant n'est pas bon, généreux, supérieur à tous les autres animaux, même au singe, même au chien, et ne faut-il pas reconnaître que les Indous ont raison, lorsqu'ils lui accordent presque autant d'intelligence qu'à l'homme! »

Et le capitaine Hod, pour terminer sa tirade, ne trouva rien de mieux que d'ôter son chapeau pour saluer le redoutable troupeau, qui nous suivait à pas comptés.

« Bien parlé, capitaine Hod! répondit le colonel Munro en souriant. Les éléphants ont en vous un chaud défenseur!

— Mais n'ai-je pas absolument raison, mon colonel? demanda le capitaine Hod.

— Il est possible que le capitaine Hod ait raison, répondit Banks, mais je crois que j'aurai raison avec Sanderson, un chasseur d'éléphants, passé maître en tout ce qui les concerne.

— Et que dit-il donc, votre Sanderson? s'écria le capitaine d'un ton assez dédaigneux.

— Il prétend que l'éléphant n'a qu'une moyenne d'intelligence très ordinaire, que les actes les plus étonnants qu'on voie ces animaux accomplir ne résultent que d'une obéissance assez servile aux ordres que leur donnent plus ou moins secrètement leurs cornacs!

— Par exemple! riposta le capitaine Hod, qui s'échauffait.

— Aussi remarque-t-il, reprit Banks, que les Indous n'ont jamais choisi l'éléphant comme un symbole d'intelligence, pour leurs sculptures ou leurs dessins sacrés, et qu'ils ont accordé la préférence au renard, au corbeau et au singe!

— Je proteste! s'écria le capitaine Hod, dont le bras, en gesticulant, prenait le mouvement ondulatoire d'une trompe.

— Protestez, mon capitaine, mais écoutez! reprit Banks. Sanderson ajoute que ce qui distingue plus particulièrement l'éléphant, c'est qu'il a au plus haut degré la bosse de l'obéissance, et cela doit faire une jolie protubérance sur son crâne! Il observe aussi que l'éléphant se laisse prendre à des pièges enfantins, — c'est le mot, — tels que les fosses recouvertes de branchages, et qu'il ne fait aucun effort pour en sortir! Il remarque qu'il se laisse traquer dans des enclos où il serait impossible de pousser d'autres animaux sauvages! Enfin, il constate que les éléphants captifs, qui parviennent à se sauver, se font reprendre avec une facilité qui n'est pas à l'honneur de leur bon sens! L'expérience ne leur apprend pas même à être prudents!

— Pauvres bêtes! riposta le capitaine Hod d'un ton comique, comme cet ingénieur vous arrange!

— J'ajoute enfin, et c'est un dernier argument en faveur de ma thèse, répondit Banks, que les éléphants résistent souvent à toutes les tentatives de domestication, faute d'une intelligence suffisante, et il est souvent bien difficile de les réduire, surtout lorsqu'ils sont jeunes, ou lorsqu'ils appartiennent au sexe faible !

— C'est une ressemblance de plus avec les êtres humains ! répondit le capitaine Hod. Est-ce que les hommes ne sont pas plus faciles à mener que les enfants et les femmes ?

— Mon capitaine, répondit Banks, nous sommes tous les deux trop célibataires pour être compétents en cette matière-là !

— Bien répondu !

— Pour conclure, ajouta Banks, je dis qu'il ne faut pas se fier à la bonté surfaite de l'éléphant, qu'il serait impossible de résister à une troupe de ces géants, si quelque cause les rendait furieux, et j'aimerais autant que ceux qui nous escortent en ce moment eussent affaire au nord, puisque nous allons au sud !

— D'autant plus, Banks, répondit le colonel Munro, que, pendant que vous discutez, Hod et toi, leur nombre s'accroît dans une proportion inquiétante ! »

CHAPITRE IX

CENT CONTRE UN

Sir Edward Munro ne se trompait pas. Une masse de cinquante à soixante éléphants marchait maintenant derrière notre train. Ils allaient en rangs pressés, et déjà les premiers s'étaient assez rapprochés de Steam-House, — à moins de dix mètres, — pour qu'il fût possible de les observer minutieusement

En tête marchait alors l'un des plus grands du groupe, quoique sa taille, mesurée verticalement à l'épaule, ne dépassât certainement pas trois mètres. Ainsi que je l'ai dit, c'est une taille inférieure à celle des éléphants d'Afrique, dont quelques-uns atteignent quatre mètres. Ses défenses, également moins longues que celles de son congénère africain, n'avaient pas plus d'un mètre cinquante à la courbure extérieure, sur quarante à leur sortie du pivot osseux qui sert de base. Si l'on rencontre à l'île de Ceylan un certain nombre de ces animaux, qui sont privés de ces appendices, arme formidable dont ils se servent avec adresse, ces « mucknas », — c'est le nom qu'on leur donne, — sont assez rares sur les territoires proprement dits de l'Indoustan.

En arrière de cet éléphant venaient plusieurs femelles, qui sont les véritables directrices de la caravane. Sans la présence de Steam-House, elles auraient formé l'avant-garde, et ce mâle fût certainement resté en arrière dans les rangs de ses compagnons. En effet, les mâles n'entendent rien à la conduite du troupeau. Ils n'ont point la charge de leurs petits ; ils ne peuvent savoir quand il est nécessaire de faire halte pour les besoins de ces « bébés », ni quelles sortes de campements leur conviennent. Ce sont donc les femelles qui, moralement, portent « les défenses », dans le ménage, et dirigent les grandes migrations.

Maintenant, à la question de savoir pourquoi s'en allait ainsi toute cette troupe, si le besoin de quitter des pâturages épuisés, la nécessité de fuir la piqûre de certaines mouches très pernicieuses, ou peut-être l'envie de suivre notre singulier équipage, la poussait à travers les défilés des Vindhyas, il eût été difficile de répondre. Le pays était assez découvert, et, conformément à leur habitude, lorsqu'ils ne sont plus dans les régions boisées, ces éléphants voyageaient en plein jour. S'arrêteraient-ils, la nuit venue, comme nous serions obligés de le faire nous-mêmes? nous le verrions bien.

« Capitaine Hod, demandai-je à notre ami, voici cette arrière-garde d'éléphants qui s'augmente! Persistez-vous à ne rien craindre?...

— Peuh! fit le capitaine Hod. Pourquoi ces bêtes-là nous voudraient-elles du mal? Ce ne sont pas des tigres, n'est-ce pas, Fox?

— Pas même des panthères! » répondit le brosseur, qui naturellement s'associait aux idées de son maître.

Mais, à cette réponse, je vis Kâlagani hocher la tête en signe de désapprobation. Évidemment, il ne partageait pas la parfaite quiétude des deux chasseurs.

« Vous ne paraissez pas rassuré, Kâlagani, lui dit Banks, qui le regardait au même moment.

— Ne peut-on presser un peu la marche du train? se contenta de répondre l'Indou.

— C'est assez difficile, répliqua l'ingénieur. Nous allons, cependant, essayer. »

Et Banks, quittant la vérandah de l'arrière, regagna la tourelle dans laquelle se tenait Storr. Presque aussitôt, les hennissements du Géant d'Acier devinrent plus précipités, et la vitesse du train s'accéléra.

C'était peu, car la route était dure. Mais eût-on doublé la marche du train, l'état des choses ne se fût aucunement modifié. Le troupeau d'éléphants aurait hâté son pas, voilà tout. C'est même ce qu'il fit, et la distance qui le séparait de Steam-House ne diminua pas.

Plusieurs heures se passèrent ainsi, sans modification importante. Après le dîner, nous revînmes prendre place sous la vérandah de la seconde voiture.

En ce moment, la route présentait en arrière une direction rectiligne de deux milles au moins. La portée du regard n'était donc plus limitée par de brusques tournants.

Quelle fut notre très sérieuse inquiétude, en voyant que le nombre des éléphants s'était encore accru depuis une heure! On ne pouvait en compter moins d'une centaine.

Ces animaux marchaient alors en file double ou triple, suivant la largeur du chemin, silencieusement, du même pas, pour ainsi dire, les uns la trompe relevée, les autre les défenses en l'air. C'était comme le moutonnement d'une mer, que soulèvent de grandes lames de fond. Rien ne déferlait encore, pour continuer la métaphore; mais si une tempête déchaînait cette masse mouvante, à quels dangers ne serions-nous pas exposés?

Cependant, la nuit venait peu à peu, — une nuit à laquelle allaient manquer la lumière de la lune et la lueur des étoiles. Une sorte de brume courait dans les hautes zones du ciel.

Ainsi que l'avait dit Banks, lorsque cette nuit serait profonde, on ne pourrait s'obstiner à suivre ces routes difficiles, il faudrait bien s'arrêter. L'ingénieur résolut donc de faire halte, dès qu'un large évasement de la vallée, ou quelque fond dans une gorge moins étroite, pourrait permettre au menaçant troupeau de passer sur les flancs du train et de continuer sa migration vers le sud.

Mais le ferait-il, ce troupeau, et ne camperait-il pas plutôt sur le lieu où nous camperions nous-mêmes?

C'était la grosse question.

Il fut, d'ailleurs, visible qu'avec la tombée de la nuit, les éléphants manifestaient quelque appréhension, dont nous n'avions observé aucun symptôme pendant le jour. Une sorte de mugissement, puissant mais sourd, s'échappa de leurs vastes poumons. A ce brouhaha inquiétant succéda un autre bruit d'une nature particulière.

« Quel est donc ce bruit ? demanda le colonel Munro.

— C'est le son que produisent ces animaux, répondit Kâlagani, lorsque quelque ennemi se trouve en leur présence !

— Et c'est nous, ce ne peut être que nous qu'ils considèrent comme tels ? demanda Banks.

— Je le crains ! » répondit l'Indou.

Ce bruit ressemblait alors à un tonnerre lointain. Il rappelait celui que l'on produit dans les coulisses d'un théâtre par la vibration d'une tôle suspendue. En frottant l'extrémité de leur trompe sur le sol, les éléphants chassaient d'énormes bouffées d'air, emmagasiné par une aspiration prolongée. De là cette sonorité puissante et profonde qui vous serrait le cœur comme un roulement de foudre.

Il était alors neuf heures du soir.

En cet endroit, une sorte de petite plaine, presque circulaire, large d'un demi-mille, servait de débouché à la route qui conduisait au lac Puturia, près duquel Kâlagani avait eu la pensée d'asseoir notre campement. Mais ce lac se trouvait encore à quinze kilomètres, et il fallait renoncer à l'atteindre avant la nuit.

Banks donna donc le signal d'arrêt. Le Géant

d'Acier demeura stationnaire, mais on ne le détela pas. Les feux ne furent pas même repoussés au fond du foyer. Storr reçut l'ordre de se tenir toujours en pression, afin que le train restât en état de partir au premier signal. Il fallait être prêt à toute éventualité.

Le colonel Munro se retira dans sa cabine. Quant à Banks et au capitaine Hod, ils ne voulurent pas se coucher, et je préférai demeurer avec eux. Tout le personnel, d'ailleurs, était sur pied. Mais que pourrions-nous faire, s'il prenait fantaisie aux éléphants de se jeter sur Steam-House?

Pendant la première heure de veille, un sourd murmure continua à se propager autour du campement. Évidemment, ces grandes masses se déployaient sur la petite plaine. Allaient-elles donc la traverser et poursuivre leur route au sud?

« C'est possible, après tout, dit Banks.

— C'est même probable, » ajouta le capitaine Hod, dont l'optimisme ne bronchait pas.

Vers onze heures environ, le bruit diminua peu peu, et, dix minutes après, il avait totalement cessé

La nuit, alors, était parfaitement calme. Le moindre son étranger fût arrivé jusqu'à notre oreille. On n'entendait rien, si ce n'est le sourd ronflement du Géant d'Acier dans l'ombre. On ne voyait rien, si ce n'est cette gerbe d'étincelles qui s'échappait parfois de sa trompe.

« Eh bien, dit le capitaine Hod, avais-je raison? Ils sont partis, ces braves éléphants!

— Bon voyage! répliquai-je.

— Partis! répondit Banks, en hochant la tête. C'est ce que nous allons savoir! »

Puis, appelant le mécanicien :

« Storr, dit-il, les fanaux.

— A l'instant, monsieur Banks! »

Vingt secondes après, deux faisceaux électriques jaillissaient des yeux du Géant d'Acier, et, par un mécanisme automatique, ils se promenaient à tous les points de l'horizon.

Les éléphants étaient là, en grand cercle, autour de Steam-House, immobiles, comme endormis, dormant peut-être. Ces feux, qui éclairaient confusément leurs masses profondes, semblaient les animer d'une vie surnaturelle. Par une simple illusion d'optique, ceux de ces monstres sur lesquels se plaquaient de violents ménisques de lumière, prenaient alors des proportions gigantesques, dignes de rivaliser avec celles du Géant d'Acier. Frappés de ces vives projections, ils se relevaient soudain, comme s'ils eussent été touchés par un aiguillon de feu. Leur trompe pointait en avant, leurs défenses se redressaient. On eût dit qu'ils allaient s'élancer à l'assaut du train. Des grognements rauques s'échappaient de leur vaste mâchoire. Bientôt, même, cette subite fureur se communiqua à tous, et il s'éleva autour de notre campement un assourdissant concert, comme si cent clairons eussent à la fois sonné quelque retentissant appel.

« Éteins ! » cria Banks.

Le courant électrique fut subitement interrompu, et le sabbat cessa presque instantanément.

« Ils sont là, campés en cercle, dit l'ingénieur et ils seront encore là au lever du jour !

— Hum ! » fit le capitaine Hod, dont la confiance me parut quelque peu ébranlée.

Quel parti prendre ?

Kâlagani fut consulté. Il ne cacha point l'inquiétude qu'il éprouvait.

Pouvait-on songer à quitter le campement, au milieu de cette nuit obscure ? C'était impossible. A quoi cela eût-il servi, d'ailleurs ? La troupe d'éléphants nous aurait certainement suivis, et les difficultés eussent été plus grandes que pendant le jour.

Il fut donc convenu que le départ ne s'effectuerait qu'à la première aube. On marcherait avec toute la prudence et toute la célérité possibles, mais sans effaroucher ce redoutable cortège.

« Et si ces animaux s'entêtent à nous escorter? demandai-je.

— Nous essayerons de gagner quelque endroit où Steam-House puisse se mettre hors de leurs atteintes, répondit Banks.

— Trouverons-nous cet endroit, avant notre sortie des Vindhyas? dit le capitaine Hod.

— Il en est un, répondit l'Indou.

— Lequel? demanda Banks.

— Le lac Puturia.

— A quelle distance est-il?

— A neuf milles environ.

— Mais les éléphants nagent, répondit Banks, et mieux peut-être qu'aucun autre quadrupède! On en a vu se soutenir à la surface de l'eau pendant plus d'une demi-journée! Or, n'est-il pas à craindre qu'ils ne nous suivent sur le lac Puturia, et que la situation de Steam-House n'en soit encore plus compromise?

— Je ne vois pas d'autre moyen de se soustraire à leur attaque! dit l'Indou.

— Nous le tenterons donc! » répondit l'ingénieur.

C'était, en effet, le seul parti à prendre. Peut-être les éléphants n'oseraient-ils pas s'aventurer à la nage dans ces conditions, et peut-être aussi pourrions-nous les gagner de vitesse!

On attendit impatiemment le jour. Il ne tarda pas à paraître. Aucune démonstration hostile n'avait été faite pendant le reste de la nuit; mais, au lever du soleil, pas un éléphant n'avait bougé, et Steam-House était entourée de toutes parts.

Il se fit alors un remuement général sur le lieu de halte. On eût dit que les éléphants obéissaient à un mot d'ordre. Ils secouèrent leur trompe, frottèrent leurs défenses contre le sol, firent leur toilette en s'aspergeant d'eau fraîche, achevèrent de brouter çà et là quelques poignées d'une herbe épaisse, dont ce pâturage était amplement fourni, et, finalement, ils se rapprochèrent de Steam-House au point qu'on aurait pu les atteindre à coups de piques à travers les fenêtres.

Banks, cependant, nous fit l'expresse recommandation de ne point les provoquer. L'important était de ne donner aucun prétexte à une agression soudaine.

Cependant, quelques-uns de ces éléphants serraient de plus près notre Géant d'Acier. Évidemment ils tenaient à reconnnaître ce qu'était cet énorme ainmal, immobile alors. Le considéraient-ils comme un de leurs congénères? Soupçonnaient-ils qu'il y eût en lui une merveilleuse puissance? La veille, ils n'avaient point eu l'occasion de le voir à l'œuvre, puisque leurs premiers rangs s'étaient toujours tenus à une certaine distance sur l'arrière du train.

Mais que feraient-ils, quand ils l'entendraient hennir, lorsque sa trompe lancerait des torrents de vapeur, quand ils le verraient lever et abaisser ses larges pattes articulées, se mettre en marche, traîner les deux chars roulants à sa suite?

Le colonel Munro, le capitaine Hod, Kâlagani et moi, nous avions pris place à l'avant du train. Le sergent Mac Neil et ses compagnons se tenaient à l'arrière.

Kâlouth était devant le foyer de sa chaudièr, qu'il continuait à charger de combustible, bien que la pression de la vapeur eût déjà atteint cinq atmosphères.

Banks, dans la tourelle, près de Storr, appuyait sa main sur le régulateur.

Le moment de partir était venu. Sur un signe de Banks, le mécanicien pressa le levier du timbre, et un violent coup de sifflet se fit entendre.

Les éléphants dressèrent l'oreille; puis, reculant un peu, ils laissèrent la route libre sur un espace de quelques pas.

Le fluide fut introduit dans les cylindres, un jet de vapeur jaillit de la trompe, les roues de la machine, mises en mouvement, actionnèrent les pattes du Géant d'Acier, et le train s'ébranla tout d'une pièce.

Aucun de mes compagnons ne me contredira, si j'affirme qu'il y eut tout d'abord un vif mouvement de surprise chez les animaux qui se pressaient aux premiers rangs. Entre eux s'ouvrit un plus large passage, et la route parut être assez dégagée pour permettre d'imprimer à Steam-House une vitesse qui eût égalé celle d'un cheval au petit trot.

Mais, aussitôt, toute la « masse proboscidienne », — une expression du capitaine Hod, — de se mouvoir en avant, en arrière. Les premiers groupes prirent la tête du cortège, les derniers suivirent le train. Tous paraissaient bien décidés à ne point l'abandonner.

En même temps, sur les côtés de la route, plus large en cet endroit, d'autres éléphants nous accompagnèrent, comme des cavaliers aux portières d'un carrosse. Mâles et femelles étaient mélangés. Il y en avait de toutes tailles, de tout âge, des adultes de vingt-cinq ans, des « hommes faits » de soixante, de vieux pachydermes plus que centenaires, des bébés près de leurs mères, qui, les lèvres appliquées à leurs mamelles, et non leur trompe, — comme on l'a cru quelquefois, — les tétaient en marchant.

Toute cette troupe gardait un certain ordre, ne se pressait pas plus qu'il ne fallait, réglait son pas sur celui du Géant d'Acier.

« Qu'ils nous escortent ainsi jusqu'au lac, dit le colonel Munro, j'y consens...

— Oui, répondit Kâlagani, mais qu'arrivera-t-il, lorsque la route redeviendra plus étroite? »

Là était le danger.

Aucun incident ne se produisit pendant les trois heures qui furent employées à franchir douze kilomètres sur les quinze que mesurait la distance du campement au lac Puturia. Deux ou trois fois seulement, quelques éléphants s'étaient portés en travers de la route, comme si leur intention eût été de la barrer; mais le Géant d'Acier, ses défenses pointées horizontalement, marcha sur eux, leur cracha sa vapeur à la face, et ils s'écartèrent pour lui livrer passage.

A dix heures du matin, quatre à cinq kilomètres restaient à faire pour atteindre le lac. Là, — on l'espérait du moins, — nous serions relativement en sûreté.

Il va sans dire que, si les démonstrations hostiles de l'énorme troupeau ne s'accentuaient pas avant notre arrivée au lac, Banks comptait laisser le Puturia dans l'ouest, sans s'y arrêter, de manière à sortir le lendemain de la région des Vindhyas. De là à la station de Jubbulpore, ce ne serait plus qu'une question de quelques heures.

J'ajouterai ici que le pays était non seulement très sauvage, mais absolument désert. Pas un village, pas une ferme, — ce que motivait l'insuffisance des pâturages, — pas une caravane, pas même un voyageur. Depuis notre entrée dans cette partie montagneuse du Bundelkund, nous n'avions rencontré âme qui vive.

Vers onze heures, la vallée que suivait Steam-House, entre deux puissants contreforts de la chaîne, commença à se resserrer.

Ainsi que l'avait dit Kâlagani, la route allait redevenir très étroite jusqu'à l'endroit où elle débouchait sur le lac.

Notre situation, déjà fort inquiétante, ne pouvait donc que s'aggraver encore.

En effet, si les files d'éléphants s'étaient tout simplement allongées en avant et en arrière du train, la difficulté ne se fût pas accrue. Mais ceux qui marchaient sur les flancs n'y pouvaient rester. Ils nous eussent broyés contre les parois rocheuses de la route, ou ils auraient été culbutés dans les précipices qui la bordaient en maint endroit. Par instinct, ils tentèrent donc de se placer, soit en tête, soit en queue. Il en résulta bientôt qu'il ne fut plus possible ni de reculer ni d'avancer.

« Cela se complique, dit le colonel Munro.

— Oui, répondit Banks, et nous voilà dans la nécessité d'enfoncer cette masse.

— Eh bien, fonçons, enfonçons! s'écria le capitaine Hod. Que diable! Les défenses d'acier de notre géant valent bien les défenses d'ivoire de ces sottes bêtes! »

Les proboscidiens n'étaient plus que de « sottes bêtes » pour le mobile et changeant capitaine!

« Sans doute, répondit le sergent Mac Neil, mais nous sommes un contre cent!

— En avant, quand même! s'écria Banks, ou tout ce troupeau va nous passer dessus! »

Quelques coups de vapeur imprimèrent un mouvement plus rapide au Géant d'Acier. Ses défenses atteignirent à la croupe un des éléphants qui se trouvaient devant lui.

Cri de douleur de l'animal, auquel répondirent les clameurs furieuses de toute la troupe. Une lutte, dont on ne pouvait prévoir l'issue, était imminente.

Nous avions pris nos armes, les fusils chargés de balles coniques, les carabines chargées de balles explosibles, les revolvers garnis de leurs cartouches. Il fallait être prêt à repousser toute agression.

La première attaque vint d'un gigantesque mâle, de farouche mine, qui, les défenses en arrêt, les pattes de derrière puissamment arcboutées sur le sol, se retourna contre le Géant d'Acier.

« Un « gunesh »! s'écria Kâlagani.

— Bah! il n'a qu'une défense! répliqua le capitaine Hod, qui haussa les épaules en signe de mépris.

— Il n'en est que plus terrible! » répondit l'Indou.

Kâlagani avait donné à cet éléphant le nom dont les chasseurs se servent pour désigner les mâles qui ne portent qu'une seule défense. Ce sont des animaux particulièrement révérés des Indous, surtout lorsque c'est la défense droite qui leur manque. Tel était celui-ci, et, ainsi que l'avait dit Kâlagani, il était très redoutable, comme tous ceux de son espèce.

On le vit bien. Ce gunesh poussa une longue note de clairon, recourba sa trompe, dont les éléphants ne se servent jamais pour combattre, et se précipita contre notre Géant d'Acier.

Sa défense frappa normalement la tôle de la poitrine, la traversa de part en part ; mais, rencontrant l'épaisse armure du foyer intérieur, elle se brisa net au choc.

Le train tout entier ressentit la secousse. Cependant, la force acquise l'entraîna en avant, et il re-

12.

poussa le gunesh, qui, lui faisant tête, essaya vainement de résister.

Mais son appel avait été entendu et compris. Toute la masse antérieure du troupeau s'arrêta et présenta un insurmontable obstacle de chair vivante. Au même moment, les groupes de l'arrière, continuant leur marche, se poussèrent violemment contre la vérandah. Comment résister à une pareille force d'écrasement?

En même temps, quelques-uns de ceux que nous avions en flanc, leurs trompes levées, se cramponnaient aux montants des voitures qu'ils secouaient avec violence.

Il ne fallait pas s'arrêter, ou c'en était fait du train, mais il fallait se défendre. Plus d'hésitation possible. Fusils et carabines furent braqués sur les assaillants.

« Que pas un coup ne soit perdu! cria le capitaine Hod. Mes amis, visez-les à la naissance de la trompe, ou dans le creux qui est au-dessous de l'œil. C'est souverain! »

Le capitaine Hod fut obéi. Plusieurs détonations éclatèrent, qui furent suivies de hurlements de douleur.

Trois ou quatre éléphants, touchés au bon endroit, étaient tombés, en arrière et latéralement, — circonstance heureuse, puisque leurs cadavres n'obstruaient pas la route. Les premiers groupes s'étaient un peu reculés, et le train put continuer sa marche.

« Rechargez et attendez ! » cria le capitaine Hod.

Si ce qu'il commandait d'attendre était l'attaque du troupeau tout entier, ce ne fut pas long. Elle se fit avec une violence telle, que nous nous crûmes perdus.

Un concert de furieux et rauques hurlements éclata soudain. On eût dit de ces éléphants de combat que les Indous, par un traitement particulier, amènent à cette surexcitation de la rage nommée « musth ». Rien n'est plus terrible, et les plus audacieux « éléphantadors », élevés dans le Guicowar pour lutter contre ces redoutables animaux, auraient certainement reculé devant les assaillants de Steam-House.

« En avant ! criait Banks.

— Feu ! » criait Hod.

Et, aux hennissements plus précipités de la machine, se joignaient les détonations des armes. Or, dans cette masse confuse, il devenait difficile de viser juste, ainsi que l'avait recommandé le capitaine. Chaque balle trouvait bien un morceau de chair à trouer, mais elle ne frappait pas mortellement. Aussi, les éléphants, blessés, redoublaient-ils de fureur, et, à nos coups de fusil, ils répondaient par des coups de défenses, qui éventraient les parois de Steam-House.

Cependant, aux détonations des carabines, déchargées à l'avant et à l'arrière du train, à l'éclatement des balles explosibles dans le corps des animaux, se joignaient les sifflements de la vapeur, surchauffée par le tirage artificiel. La pression montait toujours. Le Géant d'Acier entrait dans le tas, le divisait, le repoussait. En même temps, sa trompe mobile, se levant et s'abattant comme une massue formidable, frappait à coups redoublés sur la masse charnue que déchiraient ses défenses.

Et l'on avançait sur l'étroite route. Quelquefois, les roues patinaient à la surface du sol, mais elles finissaient par le remordre de leurs jantes rayées, et nous gagnions du côté du lac.

« Hurrah! criait le capitaine Hod, comme un soldat qui se jette au plus fort de la mêlée.

— Hurrah! hurrah! » répétions-nous après lui.

Mais, bientôt, une trompe s'abat sur la vérandah de l'avant. Je vois le moment où le colonel Munro, enlevé par ce lasso vivant, va être précipité sous les pieds des éléphants. Et il en eût été ainsi, sans l'intervention de Kâlagani, qui trancha la trompe d'un vigoureux coup de hache.

Ainsi donc, tout en prenant part à la défense

commune, l'Indou ne perdait pas de vue sir Edward Munro. Dans ce dévouement à la personne du colonel, qui ne s'était jamais démenti, il semblait comprendre que c'était celui de nous qu'il fallait avant tout protéger.

Ah! quelle puissance notre Géant d'Acier contenait dans ses flancs! Avec quelle sûreté il s'enfonçait dans la masse, à la manière d'un coin, dont la force de pénétration est pour ainsi dire infinie! Et, comme au même moment, les éléphants de l'arrière-garde nous poussaient de la tête, le train s'avançait sans arrêt, sinon sans secousses, et marchait même plus vite que nous n'eussions pu l'espérer.

Tout à coup, un bruit nouveau se fit entendre au milieu du vacarme général.

C'était la seconde voiture qu'un groupe d'éléphants écrasait contre les roches de la route.

« Rejoignez-nous! rejoignez-nous! » cria Banks à ceux de nos compagnons qui défendaient l'arrière de Steam-House.

Déjà, Goûmi, le sergent, Fox, avaient précipitamment passé de la seconde voiture dans la première.

« Et Parazard? dit le capitaine Hod.

— Il ne veut pas quitter sa cuisine, répondit Fox.

— Enlevez-le! enlevez-le! »

Sans doute notre chef pensait que c'était un déshonneur pour lui d'abandonner le poste qui lui avait été confié. Mais résister aux bras vigoureux de Goûmi, lorsque ces bras se mettaient à l'œuvre, autant aurait valu prétendre échapper aux mâchoires d'une cisaille. Monsieur Parazard fut donc déposé dans la salle à manger.

« Vous y êtes tous ? cria Banks.

— Oui, monsieur, répondit Goûmi.

— Coupez la barre d'attelage !

— Abandonner la moitié du train !... s'écria le capitaine Hod.

— Il le faut ! » répondit Banks.

Et la barre coupée, la passerelle brisée à coups de hache, notre seconde voiture resta en arrière.

Il était temps. Cette voiture venait d'être ébranlée, soulevée, puis chavirée, et les éléphants, se jetant sur elle, achevèrent de l'écraser de tout leur poids. Ce n'était plus qu'une ruine informe, qui maintenant obstruait la route en arrière.

« Hein ! fit le capitaine Hod, d'un ton qui nous eût fait rire, si la situation y eût prêté, et dire que ces animaux n'écraseraient même pas une bête à bon Dieu ! »

Si les éléphants, devenus féroces, traitaient la première voiture comme ils avaient traité la seconde, il n'y avait plus aucune illusion à se faire sur le sort qui nous attendait.

« Force les feux, Kâlouth ! » cria l'ingénieur.

Un demi-kilomètre encore, un dernier effort, et le lac Puturia était peut-être atteint !

Ce dernier effort qu'on attendait du Géant d'Acier, le puissant animal le fit sous la main de Storr, qui ouvrit en grand le régulateur. Il fit une véritable trouée à travers ce rempart d'éléphants, dont les arrière-trains se dessinaient au-dessus de la masse comme ces énormes croupes de chevaux qu'on voit dans les tableaux de bataille de Salvator Rosa. Puis, il ne se contenta pas de les larder de ses défenses ; il leur lança des fusées de vapeur brûlante, ainsi qu'il avait fait aux pèlerins du Phalgou, il leur cingla des jets d'eau bouillante !... Il était magnifique !

Le lac apparut enfin au dernier tournant de la route.

S'il pouvait résister dix minutes encore, notre train y serait relativement en sûreté.

Les éléphants, sans doute, sentirent cela, — ce qui prouvait en faveur de leur intelligence, dont le capitaine Hod avait soutenu la cause. Ils voulurent une dernière fois renverser notre voiture.

Mais les armes à feu tonnèrent de nouveau. Les balles s'abattirent comme grêle jusque sur les premiers groupes. A peine cinq ou six éléphants nous barraient-ils encore le passage. La plupart tombèrent, et les roues grincèrent sur un sol rouge de sang.

A cent pas du lac, il fallut repousser ceux de ces animaux qui formaient un dernier obstacle.

« Encore! encore! » cria Banks au mécanicien.

Le Géant d'Acier ronflait comme s'il eût renfermé un atelier de dévideuses mécaniques dans ses flancs. La vapeur fusait par les soupapes sous une pression de huit atmosphères. A les charger, si peu que ce fût, on eût fait éclater la chaudière, dont les tôles frémissaient. Ce fut inutile, heureusement. La force de Géant d'Acier était maintenant irrésistible. On eût pu croire qu'il bondissait sous les coups de piston. Ce qui restait du train le suivit, écrasant les membres des éléphants jetés à terre, au risque d'être culbuté. Si un pareil accident se fût produit, c'en était fait de tous les hôtes de Steam-House.

L'accident n'arriva pas, la berge du lac fut enfin atteinte, et le train flotta bientôt sur les eaux tranquilles.

« Dieu soit loué! » dit le colonel Munro.

Deux ou trois éléphants, aveuglés par la fureur, se précipitèrent dans le lac, et ils essayèrent de poursuivre à sa surface ceux qu'ils n'avaient pu anéantir en terre ferme.

Mais les pattes du Géant firent leur office. Le train s'éloigna peu à peu de la rive, et quelques dernières balles, convenablement ajustées, nous délivrèrent de ces « monstres marins », au moment ou leurs trompes allaient s'abattre sur la vérandah de l'arrière.

« Eh bien, mon capitaine, s'écria Banks, que pensez-vous de la douceur des éléphants de l'Inde ?

— Peuh ! fit le capitaine Hod, ça ne vaut pas les fauves ! Mettez-moi une trentaine de tigres seulement à la place de cette centaine de pachydermes, et que je perde ma commission, si, à l'heure qu'il est, un seul de nous serait encore vivant pour raconter l'aventure ! »

CHAPITRE X

LE LAC PUTURIA

Le lac Puturia, sur lequel Steam-House venait de trouver provisoirement refuge, est situé à quarante kilomètres environ dans l'est de Dumoh. Cette ville, chef-lieu de la province anglaise à laquelle elle donné son nom, est en voie de prospérité, et avec ses douze mille habitants, renforcés d'une petite garnison, elle commande cette dangereuse portion du Bundelkund. Mais, au delà de ses murailles, surtout vers la partie orientale du pays, dans la plus inculte région des Vindhyas, dont le lac occupe le centre, son influence ne se fait que difficilement sentir.

Après tout, que pouvait-il, maintenant, nous arriver de pire que cette rencontre d'éléphants, dont nous nous étions tirés sains et saufs?

La situation, cependant, ne laissait pas d'être inquiétante, puisque la plus grande partie de notre matériel avait disparu. L'une des voitures composant le train de Steam-House était anéantie. Il n'y avait aucun moyen de la « renflouer », pour employer une expression de la langue maritime. Renversée sur le sol, écrasée contre les roches, de sa carcasse, sur laquelle avait inévitablement passé la masse des éléphants, il ne devait plus rester que des débris informes.

Et cependant, en même temps qu'elle servait à loger le personnel de l'expédition, cette voiture contenait, non seulement la cuisine et l'office, mais aussi la réserve de nourriture et de munitions. De celles-ci, il ne nous restait plus qu'une douzaine de cartouches, mais il n'était pas probable que nous eussions à faire usage des armes à feu avant notre arrivée à Jubbulpore.

Quant à la nourriture, c'était une autre question, et plus difficile à résoudre.

En effet, il n'y avait plus rien des provisions de l'office. En admettant que, le lendemain soir, nous eussions pu atteindre la station, encore éloignée de soixante-dix kilomètres, il faudrait se résigner à passer vingt-quatre heures sans manger.

Ma foi, on en prendrait son parti!

Dans cette circonstance, le plus désolé de tous, ce fut naturellement monsieur Parazard. La perte de son office, la destruction de son laboratoire, la dispersion de sa réserve, l'avaient frappé au cœur. Il ne cacha pas son désespoir, et, oubliant les dangers auxquels nous venions presque miraculeusement d'échapper, il ne se montra préoccupé que de la situation personnelle qui lui était faite.

Donc, au moment où, réunis dans le salon, nous allions discuter le parti qu'il convenait de prendre dans ces circonstances, monsieur Parazard, toujours solennel, apparut sur le seuil et demanda à « faire une communication de la plus haute gravité. »

« Parlez, monsieur Parazard, lui répondit le colonel Munro, en l'invitant à entrer.

— Messieurs, dit gravement notre chef noir, vous n'êtes pas sans savoir que tout le matériel qu'emportait la seconde habitation de Steam-House a été détruit dans cette catastrophe! Au cas même où il nous serait resté quelques provisions, j'aurais été fort gêné, faute de cuisine, pour vous préparer un repas, si modeste qu'il fût.

— Nous le savons, monsieur Parazard, répondit le colonel Munro. Cela est regrettable, mais nous ferons comme nous pourrons, et nous jeûnerons, s'il faut jeûner.

— Cela est d'autant plus regrettable, en effet, messieurs, reprit notre chef, qu'à la vue de ces groupes d'éléphants qui nous assaillaient, et dont plus d'un est tombé sous vos balles meurtrières...

— Belle phrase, monsieur Parazard ! dit le capitaine Hod. Avec quelques leçons, vous arriveriez à vous exprimer avec autant d'élégance que notre ami Mathias Van Guitt. »

Monsieur Parazard s'inclina devant ce compliment, qu'il prit très au sérieux, et, après un soupir, il continua ainsi :

« Je dis donc, messieurs, qu'une occasion unique de me signaler dans mes fonctions m'était offerte. La chair d'éléphant, quoi qu'on ait pu penser, n'est pas bonne en toutes ses parties, dont quelques-unes sont incontestablement dures et coriaces ; mais il semble que l'Auteur de toutes choses ait voulu ménager, dans cette masse charnue, deux morceaux de premier choix, dignes d'être servis sur la table du vice-roi des Indes. J'ai nommé la langue de l'animal, qui est extraordinairement savoureuse, lorsqu'elle est préparée d'après une recette dont l'application m'est exclusivement personnelle, et les pieds du pachyderme...

— Pachyderme ?... Très bien, quoique proboscidien soit plus élégant, dit le capitaine Hod, en approuvant du geste.

— ... Pieds, reprit monsieur Parazard, avec lesquels on fait un des meilleurs potages connus dans cet art culinaire dont je suis le représentant à Steam-House.

— Vous nous mettez l'eau à la bouche, monsieur Parazard, répondit Banks. Malheureusement d'une part, heureusement de l'autre, les éléphants ne nous ont pas suivis sur le lac, et je crains bien qu'il nous faille renoncer, pour quelque temps du moins, au potage de pied et au ragoût de langue de ce savoureux mais redoutable animal.

— Il ne serait pas possible, reprit le chef, de retourner à terre pour se procurer?...

— Cela n'est pas possible, monsieur Parazard. Si parfaites qu'eussent été vos préparations, nous ne pouvons courir ce risque.

— Eh bien, messieurs, reprit notre chef, veuillez recevoir l'expression de tous les regrets que me fait éprouver cette déplorable aventure.

— Vos regrets sont exprimés, monsieur Parazard, répondit le colonel Munro, et nous vous en donnons acte. Quant au dîner et au déjeuner, ne vous en préoccupez pas avant notre arrivée à Jubbulpore.

— Il ne me reste donc qu'à me retirer, » dit monsieur Parazard, en s'inclinant, sans rien perdre de la gravité qui lui était habituelle.

Nous aurions ri volontiers de l'attitude de notre chef, si nous n'eussions obéi à d'autres préoccupations.

En effet, une complication venait s'ajouter à tant d'autres. Banks nous apprit qu'en ce moment le plus regrettable n'était ni le manque de vivres, ni le manque de munitions, mais le défaut de combustible. Rien d'étonnant à cela, puisque, depuis quarante-huit heures, il n'avait pas été possible de renouveler la provision de bois nécessaire à l'alimentation de la machine. Toute la réserve était épuisée à notre arrivée au lac. Une heure de marche de plus, il eût été impossible de l'atteindre, et la première voiture de Steam-House aurait eu le même sort que la seconde.

« Maintenant, ajouta Banks, nous n'avons plus rien à brûler, la pression baisse, elle est déjà tombée à deux atmosphères, et il n'est aucun moyen de la relever !

— La situation est-elle donc aussi grave que tu sembles le croire, Banks ? demanda le colonel Munro.

— S'il ne s'agissait que de revenir à la rive dont nous sommes peu éloignés encore, répondit Banks, ce serait faisable. Un quart d'heure suffirait à nous y ramener. Mais retourner là où le troupeau d'éléphants est encore réuni sans doute, ce serait trop imprudent. Non, il faut, au contraire, traverser le Puturia et chercher sur sa rive du sud un point de débarquement.

— Quelle peut être la largeur du lac en cet endroit? demanda le colonel Munro.

— Kâlagani évalue cette distance à sept ou huit milles environ. Or, dans les conditions où nous sommes, plusieurs heures seraient nécessaires pour la franchir, et, je vous le répète, avant quarante minutes, la machine ne sera plus en état de fonctionner.

— Eh bien, répondit sir Edward Munro, passons tranquillement la nuit sur le lac. Nous y sommes en sûreté. Demain, nous aviserons. »

C'était ce qu'il y avait de mieux à faire. Nous avions, d'ailleurs, grand besoin de repos. Au dernier lieu de halte, entouré de ce cercle d'éléphants, personne n'avait pu dormir à Steam-House, et la nuit, comme on dit, avait été une nuit blanche.

Mais si celle-là avait été blanche, celle ci devait être noire, et plus même qu'il ne convenait.

En effet, vers sept heures, un léger brouillard commença à se lever sur le lac. On se rappelle que de fortes brumes couraient déjà dans les hautes zones du ciel pendant la nuit précédente. Ici, une modification s'était produite, due aux différences de localités. Si, au campement des éléphants, ces vapeurs s'étaient maintenues à quelques centaines de pieds au-dessus du sol, il n'en fut pas de même à la surface du Puturia, grâce à l'évaporation des eaux. Après une journée assez chaude, il y eut confusion entre les hautes et les basses couches de l'atmosphère, et tout le lac ne tarda pas à disparaître sous un brouillard, peu intense d'abord, mais qui s'épaississait d'instant en instant.

Ceci était donc, comme l'avait dit Banks, une complication dont il y avait lieu de tenir compte.

Ainsi qu'il l'avait également annoncé, vers sept heures et demie, les derniers gémissements du Géant d'Acier se firent entendre, les coups de piston devinrent moins rapides, les pattes articulées cessèrent de battre l'eau, la pression descendit au-dessous d'une atmosphère. Plus de combustible, ni aucun moyen de s'en procurer.

Le Géant d'Acier et l'unique voiture qu'il remorquait alors flottaient paisiblement sur les eaux du lac, mais ne se déplaçaient plus.

Dans ces conditions, au milieu des brumes, il eût été difficile de relever exactement notre situation. Pendant le peu de temps que la machine avait fonctionné, le train s'était dirigé vers la rive sud-est du lac, afin d'y chercher un point de débarquement. Or, comme le Puturia affecte la forme d'un ovale assez allongé, il était possible que Steam-House ne fût plus trop éloigné de l'une ou l'autre de ses rives.

Il va sans dire que les cris des éléphants, qui nous avaient poursuivis pendant une heure environ, maintenant éteints dans l'éloignement, ne se faisaient plus entendre.

Nous causions donc des diverses éventualités que nous réservait cette nouvelle situation. Banks fit appeler Kâlagani, qu'il tenait à consulter.

L'Indou vint aussitôt et fut invité à donner son avis.

Nous étions réunis alors dans la salle à manger, qui, recevant le jour par la claire-voie supérieure, n'avait point de fenêtres latérales. De cette façon, l'éclat des lampes allumées ne pouvait se transmettre au dehors. Précaution utile, en somme, car mieux valait que la situation de Steam-House ne pût être connue des rôdeurs qui couraient peut-être les rives du lac.

Aux questions qui lui furent posées, Kâlagani,— du moins cela me parut ainsi, — sembla tout d'abord hésiter à répondre. Il s'agissait de déterminer la position que devait occuper le train flottant sur les eaux du Puturia, et je conviens que la réponse ne laissait pas d'être embarrassante. Peut-être une faible brise de nord-ouest avait-elle agi sur la masse de Steam-House? Peut-être aussi un léger courant nous entraînait-il vers la pointe inférieure du lac.

« Voyons, Kâlagani, dit Banks, en insistant, vous connaissez parfaitement quelle est l'étendue du Puturia?

— Sans doute, monsieur, répondit l'Indou, mais il est difficile, au milieu de cette brume...

— Pouvez-vous estimer approximativement la distance à laquelle nous sommes actuellement de la rive la plus rapprochée?

— Oui, répondit l'Indou, après avoir réfléchi quelque temps. Cette distance ne doit pas dépasser un mille et demi.

— Dans l'est? demanda Banks.

— Dans l'est.

— Ainsi donc, si nous accostions cette rive, nous serions plus près de Jubbulpore que de Dumoh?

— Assurément.

— C'est donc à Jubbulpore qu'il conviendrait de nous ravitailler, dit Banks. Or, qui sait quand et comment nous pourrons atteindre la rive! Cela peut durer un jour, deux jours, et nos provisions sont épuisées!

— Mais, dit Kâlagani, ne pourrait-on tenter, ou,

au moins, l'un de nous ne pourrait-il tenter de prendre terre cette nuit même ?

— Et comment ?

— En gagnant la rive à la nage.

— Un mille et demi, au milieu de cet épais brouillard ! répondit Banks. Ce serait risquer sa vie...

— Ce n'est point une raison pour ne pas l'essayer, » répondit l'Indou.

Je ne sais pourquoi, il me sembla encore que la voix de Kâlagani n'avait pas sa franchise habituelle.

« Tenteriez-vous de traverser le lac à la nage ? demanda le colonel Munro, qui observait attentivement l'Indou.

— Oui, colonel, et j'ai lieu de croire que j'y réussirais.

— Eh bien, mon ami, reprit Banks, vous nous rendriez là un grand service ! Une fois à terre, il vous serait facile d'atteindre la station de Jubbulpore et d'en amener les secours dont nous avons besoin.

— Je suis prêt à partir ! » répondit simplement Kâlagani.

J'attendais que le colonel Munro remerciât notre guide, qui s'offrait à remplir une tâche assez périlleuse, en somme ; mais, après l'avoir regardé avec une attention plus soutenue encore, il appela Goûmi.

Goûmi parut aussitôt.

« Goûmi, dit sir Edward Munro, tu es un excellent nageur ?

— Oui, mon colonel.

— Un mille et demi à faire, cette nuit, sur ces eaux calmes du lac, ne t'embarrasseraient pas ?

— Ni un mille, ni deux.

— Eh bien, reprit le colonel Munro, voici Kâlagani qui s'offre pour gagner à la nage la rive la plus rapprochée de Jubbulpore. Or, aussi bien sur le lac que dans cette partie du Bundelkund, deux hommes intelligents et hardis, pouvant se porter assistance, ont plus de chance de réussir. — Veux-tu accompagner Kâlagani ?

— A l'instant, mon colonel, répondit Goûmi.

— Je n'ai besoin de personne, répondit Kâlagani, mais si le colonel Munro y tient, j'accepte volontiers Goûmi pour compagnon.

— Allez donc, mes amis, dit Banks, et soyez aussi prudents que vous êtes courageux ! »

Cela convenu, le colonel Munro, prenant Goûmi à l'écart, lui fit quelques recommandations, brièvement formulées. Cinq minutes après, les deux Indous, un paquet de vêtements sur leur tête, se laissaient glisser dans les eaux du lac. Le brouillard était très intense alors, et quelques brasses suffirent à les mettre hors de vue.

Je demandai alors au colonel Munro pourquoi il avait paru si désireux d'adjoindre un compagnon à Kâlagani.

« Mes amis, répondit sir Edward Munro, les réponses de cet Indou, dont je n'avais jamais suspecté jusqu'ici la fidélité, ne m'ont pas paru être franches !

— J'ai éprouvé la même impression, dis-je.

— Pour mon compte, je n'ai rien remarqué... fit observer l'ingénieur.

— Écoute, Banks, reprit le colonel Munro. En nous offrant de se rendre à terre, Kâlagani avait une arrière-pensée.

— Laquelle ?

— Je ne sais, mais s'il a demandé à débarquer, ce n'est pas pour aller chercher des secours à Jubbulpore !

— Hein ! » fit le capitaine Hod.

Banks regardait le colonel en fronçant les sourcils. Puis :

« Munro, dit-il, jusqu'ici cet Indou s'est toujours montré très dévoué, et plus particulièrement envers toi ! Aujourd'hui, tu prétends que Kâlagani nous trahit ! Quelle preuve en as-tu ?

— Pendant que Kâlagani parlait, répondit le colonel Munro, j'ai vu sa peau noircir, et lorsque les gens à peau cuivrée noircissent, c'est qu'ils mentent! Vingt fois, j'ai pu confondre ainsi Indous et Bengalis, et jamais je ne me suis trompé. Je répète donc que Kâlagani, malgré toutes les présomptions en sa faveur, n'a pas dit la vérité. »

Cette observation de sir Edward Munro, — je l'ai souvent constaté depuis, — était fondée.

Quand ils mentent, les Indous noircissent légèrement comme les blancs rougissent. Ce symptôme n'avait pu échapper à la perspicacité du colonel, et il fallait tenir compte de son observation.

« Mais quels seraient donc les projets de Kâlagani, demanda Banks, et pourquoi nous trahirait-il ?

— C'est ce que nous saurons plus tard... répondit le colonel Munro, trop tard peut-être !

— Trop tard, mon colonel ! s'écria le capitaine Hod ! Eh ! nous ne sommes pas en perdition, j'imagine !

— En tout cas, Munro, reprit l'ingénieur, tu as bien fait de lui adjoindre Goûmi. Celui-là nous sera dévoué jusqu'à la mort. Adroit, intelligent, s'il soupçonne quelque danger, il saura....

— D'autant mieux, répondit le colonel Munro, qu'il est prévenu et se défiera de son compagnon.

— Bien, dit Banks. Maintenant, nous n'avons plus qu'à attendre le jour. Ce brouillard se lèvera sans doute avec le soleil, et nous verrons alors quel parti prendre ! »

Attendre, en effet ! Cette nuit devait donc se passer encore dans une insomnie complète.

Le brouillard s'était épaissi, mais rien ne faisait présager l'approche du mauvais temps. Et cela était heureux, car, si notre train pouvait flotter, il n'était pas fait pour « tenir la mer. » On pouvait donc espérer que toutes ces vésicules de vapeur se condenseraient au lever du jour, ce qui assurerait une belle journée pour le lendemain.

Donc, tandis que notre personnel prenait place dans la salle à manger, nous nous installâmes sur les divans du salon, causant peu, mais prêtant l'oreille à tous les bruits du dehors.

Tout à coup, vers deux heures après minuit, un concert de fauves vint troubler le silence de la nuit.

La rive était donc là, dans la direction du sud-est, mais elle devait être assez éloignée encore. Ces hurlements étaient encore très affaiblis par la distance, et cette distance, Banks ne l'évalua pas à moins d'un bon mille. Une troupe d'animaux sauvages, sans doute, était venue se désaltérer à la pointe extrême du lac.

Mais, bientôt aussi, il fut constaté que, sous l'influence d'une légère brise, le train flottant dérivait vers la rive, d'une façon lente et continue. En effet, non seulement ces cris arrivaient plus distinctement à notre oreille, mais on distinguait déjà le grave rugissement du tigre du hurlement enroué des panthères.

« Hein! ne put s'empêcher de dire le capitaine Hod, quelle occasion de tuer là son cinquantième!

— Une autre fois, mon capitaine! répondit Banks. Le jour venu, j'aime à penser qu'au moment où nous accosterons la rive, cette bande de fauves nous aura cédé la place!

— Y aurait-il quelque inconvénient, demandai-je, à mettre les fanaux électriques en activité?

— Je ne le pense pas, répondit Banks. Cette partie de la berge n'est très probablement occupée que par des animaux en train de boire. Il n'y a donc aucun inconvénient à tenter de la reconnaître. »

Et, sur l'ordre de Banks, deux faisceaux lumineux furent projetés dans la direction du sud-est. Mais la lumière électrique, impuissante à percer cette opaque brume, ne put l'éclairer que dans un court secteur en avant de Steam-House, et la rive demeura absolument invisible à nos regards.

Cependant, ces hurlements, dont l'intensité s'accroissait peu à peu, indiquaient que le train ne cessait de dériver à la surface du lac. Évidemment, les animaux, rassemblés en cet endroit, devaient être fort nombreux. A cela rien d'étonnant, puisque le lac Puturia est comme un abreuvoir naturel pour les fauves de cette partie du Bundelkund.

« Pourvu que Goûmi et Kâlagani ne soient pas tombés au milieu de la bande! dit le capitaine Hod.

— Ce ne sont pas les tigres que je crains pour Goûmi! » répondit le colonel Munro.

Décidément, les soupçons n'avaient fait que grandir dans l'esprit du colonel. Pour ma part, je commençais à les partager. Et pourtant, les bons offices de Kâlagani, depuis notre arrivée dans la région de l'Himalaya, ses services incontestables, son dévouement dans ces deux circonstances où il avait risqué sa vie pour Sir Edward Munro et pour le capitaine Hod, tout témoignait en sa faveur. Mais, lorsque l'esprit se laisse entraîner au doute, la valeur des faits accomplis s'altère, leur physionomie change, on oublie le passé, on craint pour l'avenir.

Cependant, quel mobile pouvait pousser cet Indou à nous trahir? Avait-il des motifs de haine personnelle contre les hôtes de Steam-House? Non, assurément! Pourquoi les aurait-il attirés dans un guet-apens? C'était inexplicable. Chacun se livrait donc à des pensées fort confuses, et l'impatience nous prenait à attendre le dénouement de cette situation.

Soudain, vers quatre heures du matin, les animaux cessèrent brusquement leurs cris. Ce qui nous frappa tous, c'est qu'ils ne semblaient pas s'être éloignés peu à peu, les uns après les autres, donnant un dernier coup de gueule après une dernière lampée. Non, ce fut instantané. On eût dit qu'une circonstance fortuite venait de les troubler dans leur opération, et avait provoqué leur fuite. Évidemment, ils regagnaient leurs tanières, non en bêtes qui y rentrent, mais en bêtes qui se sauvent.

Le silence avait donc succédé au bruit, sans transition. Il y avait là un effet dont la cause nous échappait encore, mais qui ne laissa pas d'accroître notre inquiétude.

Par prudence, Banks donna l'ordre d'éteindre les fanaux. Si les animaux avaient fui devant quelque bande de ces coureurs de grande route qui fréquentent le Bundelkund et les Vindhyas, il fallait soigneusement cacher la situation de Steam-House.

Le silence, maintenant, n'était plus même troublé par le léger clapotis des eaux. La brise venait de tomber. Si le train continuait à dériver sous l'influence d'un courant, il était impossible de le savoir. Mais le jour ne pouvait tarder à paraître, et il balayerait sans doute ces brumes, qui n'occupaient que les basses couches de l'atmosphère.

Je regardai ma montre. Il était cinq heures. Sans le brouillard, l'aube eût déjà élargi le cercle de vision sur une portée de quelques milles. La rive aurait donc été en vue. Mais le voile ne se déchirait pas. Il fallait patienter encore.

Le colonel Munro, Mac Neil et moi, à l'avant du salon, Fox, Kâlouth et monsieur Parazard, à l'arrière de la salle à manger, Banks et Storr dans la tourelle, le capitaine Hod juché sur le dos du gigantesque animal, près de la trompe, comme un matelot de garde à l'avant d'un navire, nous attendions que l'un de nous criât : Terre !

Vers six heures, une petite brise se leva, à peine sensible, mais elle fraîchit bientôt. Les premiers rayons du soleil percèrent la brume, et l'horizon se découvrit à nos regards.

La rive apparut dans le sud-est. Elle formait à l'extrémité du lac une sorte d'anse aiguë, très boisée sur son arrière-plan. Les vapeurs montèrent peu à peu et laissèrent voir un fond de montagnes, dont les cimes se dégagèrent rapidement.

« Terre ! » avait crié le capitaine Hod.

Le train flottant n'était pas alors à plus de deux

cents mètres du fond de l'anse du Puturia, et il dérivait sous la poussée de la brise, qui soufflait du nord-ouest.

Rien sur cette rive. Ni un animal, ni un être humain. Elle semblait être absolument déserte. Pas une habitation, d'ailleurs, pas une ferme sous l'épais couvert des premiers arbres. Il semblait donc que l'on pût atterrir sans danger.

Le vent aidant, l'accostage se fit avec facilité près d'une berge plate comme une grève de sable. Mais, faute de vapeur, il n'était possible ni de la remonter, ni de se lancer sur une route qui, à consulter la direction donnée par la boussole, devait être la route de Jubbulpore.

Sans perdre un instant, nous avions suivi le capitaine Hod, qui, le premier, avait sauté sur la berge.

« Au combustible ! cria Banks. Dans une heure, nous serons en pression, et en avant ! »

La récolte était facile. Du bois, il y en avait partout sur le sol, et il était assez sec pour être immédiatement utilisé. Il suffisait donc d'en emplir le foyer, d'en charger le tender.

Tout le monde se mit à l'œuvre. Kâlouth seul demeura devant sa chaudière, pendant que nous ramassions du combustible pour vingt-quatre heures. C'était plus qu'il ne fallait pour atteindre la station de Jubbulpore, où le charbon ne nous manquerait pas. Quant à la nourriture, dont le besoin se faisait sentir, eh bien! il ne serait pas interdit aux chasseurs de l'expédition d'y pourvoir en route. Monsieur Parazard emprunterait le feu de Kâlouth, et nous apaiserions notre faim tant bien que mal.

Trois quarts d'heure après, la vapeur avait atteint une pression suffisante, le Géant d'Acier se mettait en mouvement, et il prenait enfin pied sur le talus de la berge, à l'entrée de la route.

« A Jubbulpore! » cria Banks.

Mais Storr n'avait pas eu le temps de donner un demi-tour au régulateur, que des cris furieux éclataient à la lisière de la forêt. Une bande, comptant au moins cent cinquante Indous, se jetait sur Steam-House. La tourelle du Géant d'Acier, la voiture, par l'avant et l'arrière, étaient envahies, avant même que nous eussions pu nous reconnaître!

Presque aussitôt, les Indous nous entraînaient à cinquante pas du train, et nous étions mis dans l'impossibilité de fuir!

Que l'on juge de notre colère, de notre rage, devant la scène de destruction et de pillage qui suivit. Les Indous, la hache à la main, se précipitèrent à l'assaut de Steam-House. Tout fut pillé, dévasté, anéanti. Du mobilier intérieur, il ne resta bientôt plus rien! Puis, le feu acheva l'œuvre de ruine, et, en quelques minutes, tout ce qui pouvait brûler de notre dernière voiture fut détruit par les flammes!

« Les gueux! les canailles! » s'écria le capitaine Hod, que plusieurs Indous pouvaient à peine contenir.

Mais, comme nous, il en était réduit à d'inutiles injures, que ces Indous ne semblaient même pas comprendre. Quant à échapper à ceux qui nous gardaient, il n'y fallait pas songer.

Les dernières flammes s'éteignirent, et il ne resta bientôt plus que la carcasse informe de cette pagode roulante, qui venait de traverser une moitié de la péninsule!

Les Indous s'étaient ensuite attaqués à notre Géant d'Acier. Ils auraient voulu le détruire, lui aussi! Mais là, ils furent impuissants. Ni la hache ni le feu ne pouvaient rien contre l'épaisse armature de tôle qui formait le corps de l'éléphant artificiel, ni contre la machine qu'il portait en lui. Malgré leurs efforts, il demeura intact, aux applaudissements du capitaine Hod, qui poussait des hurrahs de plaisir et de rage.

En ce moment, un homme parut. Ce devait être le chef de ces Indous.

Toute la bande vint aussitôt se ranger devant lui.

Un autre homme l'accompagnait. Tout s'expliqua. Cet homme, c'était notre guide, c'était Kâlagani.

De Goûmi, il n'y avait pas trace. Le fidèle avait disparu, le traître était resté. Sans doute, le dévouement de notre brave serviteur lui avait coûté la vie, et nous ne devions plus le revoir ! Kâlagani s'avança vers le colonel Munro, et, froidement, sans baisser les yeux, le désignant :

« Celui-ci ! » dit-il.

Sur un geste, sir Edward Munro fut saisi, entraîné, et il disparut au milieu de la bande, qui remontait la route vers le sud, sans avoir pu ni nous serrer une dernière fois la main, ni nous donner un dernier adieu !

Le capitaine Hod, Banks, le sergent, Fox, tous, nous avions voulu nous dégager pour l'arracher aux mains de ces Indous !...

Cinquante bras nous avaient couchés à terre. Un mouvement de plus, nous étions égorgés.

« Pas de résistance ! » dit Banks.

L'ingénieur avait raison. Nous ne pouvions rien, en ce moment, pour délivrer le colonel Munro. Mieux valait donc se réserver en vue des événements ultérieurs.

Un quart d'heure après, les Indous nous abandonnaient à leur tour, et se lançaient sur les traces de la première bande. Les suivre eût amené une catastrophe, sans profit pour le colonel Munro, et, cependant, nous allions tout tenter pour le rejoindre...

« Pas un pas de plus, » dit Banks.
On lui obéit.

En somme, c'était donc bien au colonel Munro, à lui seul, qu'en voulaient ces Indous, amenés par Kâlagani. Quelles étaient les intentions de ce traître? Il ne pouvait agir pour son propre compte, évidemment. Mais alors à qui obéissait-il?... Le nom de Nana Sahib se présenta à mon esprit!...

. . . .

Ici s'arrête le manuscrit qui a été rédigé par Maucler. Le jeune Français ne devait plus rien voir des événements qui allaient précipiter le dénouement de ce drame. Mais ces événements ont été connus plus tard, et, réunis sous la forme d'un récit, ils complètent la relation de ce voyage à travers l'Inde septentrionale.

CHAPITRE XI

FACE A FACE

Les Thugs, de sanglante mémoire, dont l'Indoustan semble être délivré, ont laissé cependant des successeurs dignes d'eux. Ce sont les Dacoits, sortes de Thugs transformés. Les procédés d'exécution de ces malfaiteurs ont changé, le but des assassins n'est plus le même, mais le résultat est identique : c'est le meurtre prémédité, l'assassinat.

Il ne s'agit plus, sans doute, d'offrir une victime à la farouche Kâli, déesse de la mort. Si ces nouveaux fanatiques n'opèrent pas par strangulation, ils empoisonnent pour voler. Aux étrangleurs ont succédé des criminels plus pratiques, mais tout aussi redoutables.

Les Dacoits, qui forment des bandes à part sur certains territoires de la péninsule, accueillent tout ce que la justice anglo-indoue laisse passer de meurtriers à travers les mailles de son filet. Ils courent jour et nuit les grandes routes, surtout dans les régions les plus sauvages, et l'on sait que le Bundelkund offre des théâtres tout préparés pour ces scènes de violence et de pillage. Souvent même, ces bandits se réunissent en plus grand nombre pour attaquer un village isolé. La population n'a qu'une ressource alors, c'est de prendre la fuite; mais la torture, avec tous ses raffinements, attend ceux qui restent aux mains des Dacoits. Là reparaissent les traditions des chauffeurs de l'extrême Occident. A en croire M. Louis Rousselet, les « ruses de ces misérables, leurs moyens d'action, dépassent tout ce que les plus fantastiques romanciers ont jamais imaginé! »

C'était au pouvoir d'une bande de Dacoits, amenés par Kâlagani, qu'était tombé le colonel Munro. Avant qu'il eût eu le temps de se reconnaître, brutalement séparé de ses compagnons, il avait été entraîné sur la route de Jubbulpore.

La conduite de Kâlagani, depuis le jour où il était entré en relation avec les hôtes de Steam-House, n'avait été que celle d'un traître. C'était bien par Nana Sahib qu'il avait été dépêché. C'était bien par lui seul qu'il avait été choisi pour préparer ses vengeances.

On se souvient que, le 24 mai dernier, à Bhôpal, pendant les dernières fêtes du Moharum, auxquelles il s'était audacieusement mêlé, le nabab avait été prévenu du départ de sir Edward Munro pour les provinces septentrionales de l'Inde. Sur son ordre, Kâlagani, l'un des Indous les plus absolument dévoués à sa cause et à sa personne, avait quitté Bhopal. Se lancer sur les traces du colonel, le retrouver, le suivre, ne plus le perdre de vue, jouer sa vie, s'il le fallait, pour se faire admettre dans l'entourage de l'implacable ennemi de Nana Sahib, telle était sa mission.

Kâlagani était parti sur l'heure, se dirigeant vers les contrées du nord. A Cawnpore, il avait pu rejoindre le train de Steam-House. Depuis ce moment, sans jamais se laisser voir, il avait guetté des occasions qui ne vinrent pas. C'est pourquoi, pendant que le colonel Munro et ses compagnons s'installaient au sanitarium de l'Himalaya, il se décidait à entrer au service de Mathias Van Guitt.

L'instinct de Kâlagani lui disait que des rapports presque quotidiens s'établiraient forcément entre le kraal et le sanitarium. C'est ce qui arriva, et, dès le premier jour, il fut assez heureux, non seulement pour se signaler à l'attention du colonel Munro, mais aussi pour acquérir des droits à sa reconnaissance.

Le plus fort était fait. On sait le reste. L'Indou vint souvent à Steam-House. Il fut mis au courant des projets ultérieurs de ses hôtes, il connut l'itinéraire que Banks se proposait de suivre. Dès lors, une seule idée domina tous ses actes : arriver à se faire accepter comme le guide de l'expédition, lorsqu'elle redescendrait vers le sud.

Pour atteindre ce but, Kâlagani ne négligea rien. Il n'hésita pas à risquer, non seulement la vie des autres, mais la sienne. Dans quelles circonstances ? on ne l'a pas oublié.

En effet, la pensée lui était venue que, s'il accompagnait l'expédition, dès le début du voyage, tout en restant au service de Mathias Van Guitt, cela déjouerait tout soupçon et amènerait peut-être le colonel Munro à lui offrir ce qu'il voulait précisément obtenir.

Mais, pour en arriver là, il fallait que le fournisseur, privé de ses attelages de buffles, en fût réduit à réclamer l'aide du Géant d'Acier. De là cette attaque des fauves, — attaque inattendue, il est vrai, — mais dont Kâlagani sut profiter. Au risque de provoquer un désastre, il n'hésita pas, sans qu'on s'en aperçût, à retirer les barres qui maintenaient la porte du kraal. Les tigres, les panthères, se précipitèrent dans l'enceinte, les buffles furent dispersés ou anéantis, plusieurs Indous succombèrent, mais le plan de Kâlagani avait réussi. Mathias Van Guitt allait être forcé d'avoir recours au colonel Munro pour reprendre avec sa ménagerie roulante le chemin de Bombay.

En effet, renouveler ses attelages, dans cette région presque déserte de l'Himalaya, eût été difficile. En tout cas, ce fut Kâlagani qui se chargea de cette affaire pour le compte du fournisseur. Il va de soi qu'il n'y réussit point, et c'est ainsi que Mathias Van Guitt, marchant à la remorque du Géant d'Acier, descendit avec tout son personnel jusqu'à la station d'Etawah.

Là, le chemin de fer devait emporter le matériel de la ménagerie. Les chikaris furent donc congédiés, et Kâlagani, qui n'était plus utile, allait partager leur sort. C'est alors qu'il se montra très embarrassé de ce qu'il deviendrait. Banks y fut pris. Il se dit que cet Indou, intelligent et dévoué, connaissant parfaitement toute cette partie de l'Inde, pourrait rendre de véritables services. Il lui offrit d'être leur guide jusqu'à Bombay, et, de ce jour, le sort de l'expédition fut dans les mains de Kâlagani.

Nul ne pouvait soupçonner un traître dans cet Indou, toujours prêt à payer de sa personne.

Un instant, Kâlagani faillit se trahir. Ce fut lorsque

Banks lui parla de la mort de Nana Sahib. Il ne sut retenir un geste d'incrédulité, et secoua la tête en homme qui n'y pouvait croire. Mais n'en eût-il pas été ainsi de tout Indou, pour qui le légendaire nabab était un de ces êtres surnaturels que la mort ne peut atteindre !

Kâlagani, à ce sujet, eut-il la confirmation de cette nouvelle, lorsque, — ce ne fut point un hasard, — il rencontra un de ses anciens compagnons dans la caravane des Banjaris? On l'ignore, mais il est à supposer qu'il sut exactement à quoi s'en tenir.

Quoi qu'il en soit, le traître n'abandonna pas ses odieux desseins, comme s'il eût voulu reprendre à son compte les projets du nabab.

C'est pourquoi Steam-House continua sa route à travers les défilés des Vindhyas, et, après les péripéties que l'on connaît, les voyageurs arrivèrent sur les bords du lac Puturia, auquel il fallut demander refuge.

Là, lorsque Kâlagani voulut quitter le train flottant, sous prétexte de se rendre à Jubbulpore, il se laissa deviner. Si maître de lui qu'il fût, un simple phénomène physiologique, qui ne pouvait échapper à la perspicacité du colonel, l'avait rendu suspect, et l'on sait maintenant que les soupçons de sir Edward Munro n'étaient que trop justifiés.

On le laissa partir, mais Goûmi lui fut adjoint. Tous deux se précipitèrent dans les eaux du lac, et, une heure après, ils avaient atteint la rive sud-est du Puturia.

Les voilà donc, marchant de concert, dans cette nuit obscure, l'un soupçonnant l'autre, l'autre ne se sachant pas soupçonné. L'avantage était alors pour Goûmi, ce second Mac Neil du colonel Munro.

Pendant trois heures, les deux Indous allèrent ainsi sur cette grande route, qui traverse les chaînons méridionaux des Vindhyas pour aboutir à la station de Jubbulpore. Le brouillard était beaucoup moins intense dans la campagne que sur le lac. Goûmi surveillait de près son compagnon. Un solide couteau était attaché à sa ceinture. Au premier mouvement suspect, très expéditif de caractère, il se proposait de bondir sur Kâlagani et de le mettre hors d'état de nuire.

Malheureusement, le fidèle Indou n'eut pas le temps d'agir comme il l'espérait.

La nuit, sans lune, était noire. A vingt pas, on n'eût pas distingué un homme en marche.

Il arriva donc, à l'un des tournants du chemin, qu'une voix se fit brusquement entendre, appelant Kâlagani.

« Oui! Nassim! » répondit l'Indou.

Et, au même moment, un cri aigu, très bizarre, retentit sur la gauche de la route.

Ce cri, c'était le « kisri » de ces farouches tribus du Gondwana, que Goûmi connaissait bien!

Goûmi, surpris, n'avait pu rien tenter. D'ailleurs, Kâlagani mort, qu'aurait-il pu faire contre toute une bande d'Indous à laquelle ce cri devait servir de ralliement. Un pressentiment lui dit de fuir, pour essayer de prévenir ses compagnons. Oui! rester libre, d'abord, puis revenir au lac, et chercher à rejoindre à la nage le Géant d'Acier pour l'empêcher d'accoster la rive, il n'y avait pas autre chose à faire.

Goûmi n'hésita pas. Au moment où Kâlagani rejoignait ce Nassim qui lui avait répondu, il se jeta de côté et disparut dans les jungles qui bordaient la route.

Et, lorsque Kâlagani revint avec son complice, dans l'intention de se débarrasser du compagnon que lui avait imposé le colonel Munro, Goûmi n'était plus là.

Nassim était le chef d'une bande de Dacoits, dévoué à la cause de Nana Sahib. Lorsqu'il apprit la disparition de Goûmi, il lança ses hommes à travers les jungles. A tout prix, il voulait reprendre le hardi serviteur qui venait de s'échapper.

Les recherches furent inutiles. Goûmi, soit qu'il se fût perdu dans l'obscurité, soit qu'un trou quelconque lui servît de refuge, avait disparu, et il fallut renoncer à le retrouver.

Mais, en somme, que pouvaient-ils craindre, ces Dacoits, de Goûmi, livré à ses seules ressources, au milieu de cette région sauvage, à trois heures de marche déjà du lac Puturia, qu'il ne pourrait, quelle que fût sa diligence, rejoindre avant eux?

Kâlagani en prit donc son parti. Il conféra un instant avec le chef des Dacoits, qui semblait attendre ses ordres. Puis, tous, redescendant la route, se portèrent à grands pas dans la direction du lac.

Et maintenant, si cette troupe avait quitté les gorges des Vindhyas, où elle campait depuis quelque temps, c'est que Kâlagani avait pu faire connaître la prochaine arrivée du colonel Munro aux environs du lac Puturia. Par qui? Par cet Indou, qui n'était autre que Nassim et qui suivait la caravane des Banjaris. A qui? A celui dont la main dirigeait dans l'ombre toute cette machination!

En effet, ce qui s'était passé, ce qui se passait alors, c'était le résultat d'un plan bien arrêté, auquel le colonel Munro et ses compagnons ne pouvaient se soustraire. C'est pourquoi, au moment où le train accostait la pointe méridionale du lac, les Dacoits purent l'attaquer sous les ordres de Nassim et de Kâlagani.

Mais c'était au colonel Munro qu'on en voulait, à lui seul. Ses compagnons, abandonnés dans ce pays, leur dernière maison détruite, n'étaient plus à craindre. Il fut donc entraîné, et, à sept heures du matin, six milles le séparaient déjà du lac Puturia.

Que sir Edward Munro fût conduit par Kâlagani à la station de Jubbulpore, ce n'était pas admissible. Aussi se disait-il qu'il ne devait pas quitter la région des Vindhyas, et que, tombé au pouvoir de ses ennemis, il n'en sortirait peut-être jamais.

Cependant, cet homme courageux n'avait rien perdu de son sang-froid. Il allait, au milieu de ces farouches Indous, prêt à tout événement. Il affectait même de ne pas apercevoir Kâlagani. Le traître avait pris la tête de la troupe, et il en était bien le chef en effet. Quant à fuir, ce n'était pas possible. Bien qu'il ne fût pas garrotté, le colonel Munro ne voyait, ni en avant, ni en arrière, ni sur les flancs de son escorte, aucun vide qui eût pu lui livrer passage. D'ailleurs, il aurait été repris immédiatement.

Il réfléchissait donc aux conséquences de sa situation. Pouvait-il croire que la main de Nana Sahib fût dans tout ceci? Non! Pour lui, le nabab était bien mort. Mais, quelque compagnon de l'ancien chef des rebelles, Balao Rao peut être, n'avait-il pas résolu de satisfaire sa haine, en accomplissant cette vengeance, à laquelle son frère avait voué sa vie? Sir Edward Munro pressentait quelque manœuvre de ce genre.

En même temps, il songeait au malheureux Goûmi, qui n'était pas prisonnier des Dacoits. Avait-il pu s'échapper? c'était possible. N'avait-il pas tout d'abord succombé? c'était plus probable. Pouvait-on compter sur son aide, au cas où il serait sain et sauf? c'était difficile.

En effet, si Goûmi avait cru devoir pousser jusqu'à la station de Jubbulpore pour y chercher secours, il arriverait trop tard.

Si, au contraire, il était venu rejoindre Banks et ses compagnons à la pointe méridionale du lac, que feraient ceux-ci, presque dépourvus de munitions? Se jetteraient-ils sur la route de Jubbulpore?... Mais, avant qu'ils eussent pu l'atteindre, le prisonnier aurait déjà été entraîné dans quelque inaccessible retraite des Vindhyas!

Donc, de ce côté, il ne fallait garder aucun espoir.

Le colonel Munro envisageait froidement la situation. Il ne désespérait pas, n'étant point homme à se laisser abattre, mais il préférait voir les choses dans toute leur réalité, au lieu de s'abandonner à quelque illusion indigne d'un esprit que rien ne pouvait troubler.

Cependant, la troupe marchait avec une extrême rapidité. Évidemment, Nassim et Kâlagani voulaient arriver, avant le coucher du soleil, à quelque rendez-vous convenu, où se déciderait le sort du colonel. Si le traître était pressé, sir Edward Munro ne l'était pas moins d'en finir, quelle que fût la fin qui l'attendît.

Une seule fois, vers midi, pendant une demi-heure, Kâlagani fit faire halte. Les Dacoits étaient pourvus de vivres et mangèrent sur le bord d'un petit ruisseau.

Un peu de pain et de viande sèche fut mis à la disposition du colonel, qui ne refusa point d'y toucher. Il n'avait rien pris depuis la veille, et ne voulait pas donner à ses ennemis la joie de le voir faiblir physiquement à l'heure suprême.

A ce moment, près de seize milles avaient été franchis pendant cette marche forcée. Sur l'ordre de Kâlagani, on se remit en route, en suivant toujours la direction de Jubbulpore.

Ce ne fut que vers cinq heures du soir que la bande des Dacoits abandonna le grand chemin, pour se jeter sur la gauche. Si donc le colonel Munro avait pu conserver un semblant d'espoir, tant qu'il le suivait, il comprit alors qu'il n'était plus qu'entre les mains de Dieu.

Un quart d'heure après, Kâlagani et les siens traversaient un étroit défilé, qui formait l'extrême limite de la vallée de la Nerbudda, vers la partie la plus sauvage de Bundelkund.

L'endroit était situé à trois cent cinquante kilomètres environ du pâl de Tandit, dans l'est de ces monts Sautpourra, que l'on peut considérer comme le prolongement occidental des Vindhyas.

Là, sur un des derniers contreforts, s'élevait la vieille forteresse de Ripore, abandonnée depuis longtemps, parce qu'elle ne pouvait être ravitaillée, pour peu que les défilés de l'ouest fussent occupés par l'ennemi.

Cette forteresse dominait un des derniers saillants de la chaîne, une sorte de redan naturel, haut de cinq cents pieds, qui surplombait un large évasement de la gorge, au milieu des croupes avoisinantes. On ne pouvait y accéder que par un étroit sentier, tortueusement évidé dans le massif rocheux, sentier à peine praticable pour des piétons.

Là, sur ce plateau, se profilaient encore des courtines démantelées, quelques bastions en ruines. Au milieu de l'esplanade, fermée sur l'abîme par un parapet de pierre, se dressait un bâtiment, à demi détruit, qui servait autrefois de caserne à la petite garnison de Ripore, et dont on n'aurait pas voulu maintenant pour étable.

Sur le milieu du plateau central, un seul engin restait de tous ceux qui s'allongeaient autrefois à travers les embrasures du parapet. C'était un énorme canon, braqué vers la face antérieure de l'esplanade. Trop lourd pour être descendu, trop détérioré, d'ailleurs, pour conserver une valeur quelconque, il avait été laissé là, sur son affût, livré aux morsures de la rouille qui rongeait son enveloppe de fer.

C'était bien, par sa longueur et par sa grosseur, le digne pendant du célèbre canon de bronze de Bhilsa, qui fut fondu au temps de Jehanghir, énorme pièce, longue de six mètres, avec un calibre de quarante-quatre. On eût pu le comparer également au non moins fameux canon de Bidjapour, dont la détonation, au dire des indigènes, n'eût pas laissé debout un seul des monuments de la cité.

Telle était la forteresse de Ripore, où le prisonnier fut amené par la troupe de Kâlagani. Il était cinq heures du soir, quand il y arriva, après une journée de marche de plus de vingt-cinq milles.

En face duquel de ses ennemis le colonel Munro allait-il enfin se trouver? Il ne devait pas tarder à l'apprendre.

Un groupe d'Indous occupait alors le bâtiment en ruines, qui s'élevait au fond de l'esplanade. Ce groupe s'en détacha, tandis que la bande des Dacoits se rangeait en cercle le long du parapet.

Le colonel Munro occupait le centre de ce cercle. Les bras croisés, il attendait.

Kâlagani quitta la place qu'il occupait dans le rang, et fit quelques pas au devant du groupe.

Un Indou, simplement vêtu, marchait en tête.

Kâlagani s'arrêta devant lui et s'inclina. L'Indou lui tendit une main que Kâlagani baisa respectueusement. Un signe de tête lui témoigna qu'on était content de ses services.

Puis, l'Indou s'avança vers le prisonnier, lentement, mais l'œil en feu, avec tous les symptômes d'une colère à peine contenue. On eût dit d'un fauve marchant sur sa proie.

Le colonel Munro le laissa approcher, sans reculer d'un pas, le regardant avec autant de fixité qu'il était regardé lui-même.

Lorsque l'Indou ne fut plus qu'à cinq pas de lui :

« Ce n'est que Balao Rao, le frère du nabab! dit le colonel, d'un ton qui indiquait le plus profond mépris.

— Regarde mieux! répondit l'Indou.

— Nana Sahib! s'écria le colonel Munro, en reculant, cette fois, malgré lui. Nana Sahib vivant!... »

Oui, le nabab lui-même, l'ancien chef de la révolte des Cipayes, l'implacable ennemi de Munro!

Mais qui avait donc succombé dans la rencontre au pâl de Tandît? C'était Balao Rao, son frère.

L'extraordinaire ressemblance de ces deux hommes, tous deux grêlés à la face, tous deux amputés du même doigt de la même main, avait trompé les soldats de Lucknow et de Cawnpore. Ceux-ci n'avaient pas hésité à reconnaître le nabab dans celui qui n'était que son frère, et il eût été impossible de ne pas commettre cette méprise. Ainsi, lorsque la communication, faite aux autorités, annonça la mort du nabab, Nana Sahib vivait encore : c'était Balao Rao qui n'était plus.

Cette nouvelle circonstance, Nana Sahib avait eu grand soin de l'exploiter. Une fois de plus, elle lui assurait une sécurité presque absolue. En effet, son frère ne devait pas être recherché par la police anglaise avec le même acharnement que lui, et il ne le fut pas. Non seulement les massacres de Cawnpore ne lui étaient point imputés, mais il n'avait pas sur les Indous du centre l'influence pernicieuse que possédait le nabab.

Nana Sahib, se voyant traqué de si près, avait donc résolu de faire le mort jusqu'au moment où il pourrait définitivement agir, et, renonçant temporairement à ses projets insurrectionnels, il s'était donné tout entier à sa vengeance. Jamais, d'ailleurs, les circonstances n'avaient été plus favorables. Le colonel Munro, toujours surveillé par ses agents, venait de quitter Calcutta pour un voyage qui devait le conduire à Bombay. Ne serait-il pas possible de l'amener dans la région des Vindhyas, à travers les provinces du Bundelkund? Nana Sahib le pensa, et ce fut dans ce but qu'il lui dépêcha l'intelligent Kâlagani.

Le nabab quitta alors le pâl de Tandît, qui ne lui offrait plus un abri sûr. Il s'enfonça dans la vallée de la Nerbudda, jusqu'aux dernières gorges des Vindhyas. Là s'élevait la forteresse de Ripore, qui lui parut un lieu de refuge où la police ne songerait guère à le relancer, puisqu'elle devait le croire mort.

Nana Sahib s'y installa donc avec les quelques Indous dévoués à sa personne. Il les renforça bientôt d'une bande de Dacoits, dignes de se ranger sous les ordres d'un tel chef, et il attendit.

Mais qu'attendait-il depuis quatre mois? Que Kâlagani eût rempli sa mission, et lui fît connaître la prochaine arrivée du colonel Munro dans cette partie des Vindhyas, où il serait sous sa main.

Toutefois, une crainte s'empara de Nana Sahib. Ce

fut que la nouvelle de sa mort, répandue dans toute la péninsule, n'arrivât aux oreilles de Kâlagani. Si celui-ci y ajoutait foi, n'abandonnerait-il pas son œuvre de trahison vis-à-vis du colonel Munro?

De là, l'envoi d'un autre Indou à travers les routes du Bundelkund, ce Nassim qui, mêlé à la caravane des Banjaris, rencontra le train de Steam-House sur la route du Scindia, se mit en communication avec Kâlagani, et l'instruisit du véritable état des choses.

Cela fait, Nassim, sans perdre une heure, revint à la forteresse de Ripore, et il informa Nana Sahib de tout ce qui s'était passé depuis le jour où Kâlagani avait quitté Bhopal. Le colonel Munro et ses compagnons s'avançaient à petites journées vers les Vindhyas, Kâlagani les guidait, et c'était aux environs du lac Puturia qu'il fallait les attendre.

Tout avait donc réussi aux souhaits du nabab. Sa vengeance ne pouvait plus lui échapper.

Et, en effet, ce soir-là, le colonel Munro était seul, désarmé, en sa présence, à sa merci.

Après les premiers mots échangés, ces deux hommes se regardèrent un instant sans prononcer une seule parole.

Mais, soudain, l'image de lady Munro repassant plus vivement devant ses yeux, le colonel eut comme un afflux de sang de son cœur à sa tête. Il s'élança sur le meurtrier des prisonniers de Cawnpore!...

Nana Sahib se contenta de faire deux pas en arrière.

Trois Indous s'étaient subitement jetés sur le colonel, et ils le maîtrisèrent, non sans peine.

Cependant, sir Edward Munro avait repris possession de lui-même. Le nabab le comprit sans doute, car, d'un geste, il écarta les Indous.

Les deux ennemis se retrouvèrent de nouveau face à face.

« Munro, dit Nana Sahib, les tiens ont attaché à la bouche de leurs canons les cent vingt prisonniers de Peschawar, et, depuis ce jour, plus de douze cents Cipayes ont péri de cette épouvantable mort! Les tiens ont massacré sans pitié les fugitifs de Lahore, ils ont égorgé, après la prise de Delhi, trois princes et vingt-neuf membres de la famille du roi, ils ont massacré à Lucknow six mille des nôtres, et trois mille après la campagne du Pendjab! En tout, par le canon, le fusil, la potence ou le sabre, cent vingt mille officiers ou soldats natifs et deux cent mille indigènes ont payé de leur vie ce soulèvement pour l'indépendance nationale!

— A mort! à mort! » s'écrièrent les Dacoits et les Indous rangés autour de Nana Sahib.

Le nabab leur imposa silence de la main, et attendit que le colonel Munro voulût lui répondre.

Le colonel ne répondit pas.

« Quant à toi, Munro, reprit le nabab, tu as tué de ta main la Rani de Jansi, ma fidèle compagne... et elle n'est pas encore vengée ! »

Pas de réponse du colonel Munro.

« Enfin, il y a quatre mois, dit Nana Sahib, mon frère Balao Rao est tombé sous les balles anglaises dirigées contre moi... et mon frère n'est pas encore vengé !

— A mort ! A mort ! »

Ces cris éclatèrent avec plus de violence, cette fois, et toute la bande fit un mouvement pour se ruer sur le prisonnier.

« Silence ! s'écria Nana Sahib. Attendez l'heure de la justice ! »

Tous se turent.

« Munro, reprit le nabab, c'est un de tes ancêtres, c'est Hector Munro, qui a osé appliquer pour la première fois cet épouvantable supplice, dont les tiens ont fait un si terrible usage pendant la guerre de 1857 ! C'est lui qui a donné l'ordre d'attacher vivants, à la bouche de ses canons, des Indous, nos parents, nos frères... »

Nouveaux cris, nouvelles démonstrations, que

15.

Nana Sahib n'aurait pu réprimer cette fois. Aussi :

« Représailles pour représailles ! ajouta-t-il. Munro, tu périras comme tant des nôtres ont péri ! »

Puis, se retournant :

« Vois ce canon ! »

Et le nabab montrait l'énorme pièce, longue de plus de cinq mètres, qui occupait le centre de l'esplanade.

« Tu vas être attaché, dit-il, à la bouche de ce canon ! Il est chargé, et demain, au lever du soleil, sa détonation, se prolongeant jusqu'aux fonds de Vindhyas, apprendra à tous que la vengeance de Nana Sahib est enfin accomplie ! »

Le colonel Munro regardait fixement le nabab avec un calme que l'annonce de son prochain supplice ne pouvait troubler.

« C'est bien, dit-il, tu fais ce que j'aurais fait, si tu étais tombé entre mes mains ! »

Et, de lui-même, le colonel Munro alla se placer devant la bouche du canon, à laquelle, les mains liées derrière le dos, il fut attaché par de fortes cordes.

Et alors, pendant une longue heure, toute cette bande de Dacoits et d'Indous vint l'insulter lâchement. On eût dit des Sioux de l'Amérique du Nord autour d'un prisonnier enchaîné au poteau du supplice.

Le colonel Munro demeura impassible devant l'outrage, comme il voulait l'être devant la mort.

Puis, la nuit venue, Nana Sahib, Kâlagani et Nassim se retirèrent dans la vieille caserne. Toute la bande, lasse enfin, quitta la place et rejoignit ses chefs.

Sir Edward Munro resta en présence de la mort et de Dieu..

CHAPITRE V

A LA BOUCHE D'UN CANON.

Le silence ne dura pas longtemps. Des provisions avaient été mises à la disposition de la bande des Dacoits. Pendant qu'ils mangeaient, on pouvait les entendre crier, vociférer, sous l'influence de cette violente liqueur d'arak, dont ils faisaient un usage immodéré.

Mais tout ce vacarme s'apaisa peu à peu. Le sommeil ne devait pas tarder à s'emparer de ces brutes, très surmenées déjà par une longue journée de fatigue.

Sir Edward Munro allait-il donc être laissé sans gardien jusqu'au moment où sonnerait l'heure de sa mort? Nana Sahib ne ferait-il pas veiller sur son prisonnier, bien que celui-ci, solidement attaché par les triples tours de corde qui lui cerclaient les bras et la poitrine, fût hors d'état de faire un mouvement?

Le colonel se le demandait, quand, vers huit heures, il vit un Indou quitter la caserne et s'avancer sur l'esplanade.

Cet Indou avait pour consigne de rester pendant toute la nuit auprès du colonel Munro.

Tout d'abord, après avoir traversé obliquement le plateau, il vint droit au canon, afin de s'assurer que le prisonnier était toujours là. D'une main vigoureuse, il essaya les cordes, qui ne cédèrent point. Puis, sans s'adresser au colonel, mais se parlant à lui-même :

« Dix livres de bonne poudre! dit-il. Il y a longtemps que le vieux canon de Ripore n'a parlé, mais, demain, il parlera !... »

Cette réflexion amena un sourire de dédain sur le fier visage du colonel Munro. La mort n'était pas pour l'effrayer, si épouvantable qu'elle dût être.

L'Indou, après avoir examiné la partie antérieure de la bouche à feu, revint un peu en arrière, caressa de sa main l'épaisse culasse, et son doigt se posa un instant sur la lumière, que la poudre de l'amorce emplissait jusqu'à l'orifice.

Puis, l'Indou resta appuyé sur le bouton de la

culasse. Il semblait avoir absolument oublié que le prisonnier fût là, comme un patient au pied du gibet, attendant que la trappe se dérobe sous lui.

Indifférence ou effet de l'arak qu'il venait de boire, l'Indou chantonnait entre ses dents un vieux refrain du Goundwana. Il s'interrompait et recommençait, comme un homme auquel, sous l'influence d'une demi-ivresse, sa pensée échappe peu à peu.

Un quart d'heure plus tard, l'Indou se redressa. Sa main se promena sur la croupe du canon. Il en fit le tour, et, s'arrêtant devant le colonel Munro, il le regarda en murmurant d'incohérentes paroles. Par instinct, ses doigts saisirent une dernière fois les cordes, comme pour les serrer plus solidement; puis, hochant la tête, en homme qui est rassuré, il alla s'accouder sur le parapet, à une dizaine de pas, vers la gauche de la bouche à feu.

Pendant dix minutes encore, l'Indou demeura dans cette position, tantôt tourné vers le plateau, tantôt penché en dehors, et plongeant ses regards dans l'abîme qui se creusait au pied de la forteresse.

Il était visible qu'il faisait un dernier effort pour ne pas succomber au sommeil. Mais enfin, la fatigue l'emportant, il se laissa glisser jusqu'au sol, s'y étendit, et l'ombre du parapet le rendit absolument invisible.

La nuit, d'ailleurs, était déjà profonde. D'épais nuages, immobiles, s'allongeaient sur le ciel. L'atmosphère était aussi calme que si les molécules de l'air eussent été soudées l'une à l'autre. Les bruits de la vallée n'arrivaient pas à cette hauteur. Le silence était absolu.

Ce qu'allait être une telle nuit d'angoisses pour le colonel Munro, il convient de le dire, à l'honneur de cet homme énergique. Pas un instant, il ne songea à cette dernière seconde de sa vie, pendant laquelle les tissus de son corps, rompus violemment, ses membres effroyablement dispersés, iraient se perdre dans l'espace. Ce ne serait qu'un coup de foudre, après tout, et ce n'était pas là de quoi ébranler une nature sur laquelle jamais effroi physique ou moral n'avait eu prise. Quelques heures lui restaient encore à vivre : elles appartenaient à cette existence, qui avait été si heureuse pendant sa plus longue période. Sa vie se rouvrait tout entière avec une singulière précision. Tout son passé se représentait à son esprit.

L'image de lady Munro se dressait devant lui. Il la revoyait, il l'entendait, cette infortunée qu'il pleurait comme aux premier jours, non plus des yeux, mais du cœur ! Il la retrouvait jeune fille, au milieu de cette funeste ville de Cawnpore, dans cette habitation où il l'avait pour la première fois admirée, connue, aimée ! Ces quelques années de bonheur, brusquement terminées par la plus épouvantable des catastrophes, se ravivèrent dans son esprit. Tous leurs détails, si légers qu'ils fussent, lui revinrent à la mémoire avec une telle netteté, que la réalité n'eût peut-être pas été plus « réelle » ! Le milieu de la nuit était déjà passé que sir Edward Munro ne s'en était pas aperçu. Il avait vécu tout entier dans ses souvenirs, sans que rien l'en eût pu distraire, là-bas, près de sa femme adorée. En trois heures s'étaient résumés les trois ans qu'il avait vécus près d'elle ! Oui ! son imagination l'avait irrésistiblement enlevé de ce plateau de la forteresse de Ripore, elle l'avait arraché à la bouche de ce canon, dont le premier rayon du soleil allait, pour ainsi dire, enflammer l'amorce !

Mais alors, l'horrible dénouement du siège de Cawnpore lui apparut, l'emprisonnement de lady Munro et de sa mère dans le Bibi-Ghar, le massacre de leurs malheureuses compagnes, et enfin ce puits, tombeau de deux cents victimes, sur lequel, quatre mois auparavant, il était allé une dernière fois pleurer.

Et cet odieux Nana Sahib qui était là, à quelques pas, derrière des murs de cette caserne en ruines, l'ordonnateur des massacres, le meurtrier de lady Munro et de tant d'autres infortunées ! Et c'était entre ses mains qu'il venait de tomber, lui, qui avait voulu se faire le justicier de cet assassin que la justice n'avait pu atteindre !

Sir Edward Munro, sous la poussée d'une colère aveugle, fit un effort désespéré pour rompre ses liens. Les cordes craquèrent, et les nœuds, resserrés, lui entrèrent dans les chairs. Il poussa un cri, non de douleur, mais d'impuissante rage.

A ce cri, l'Indou, étendu dans l'ombre du parapet, redressa la tête. Le sentiment de sa situation le reprit. Il se souvint qu'il était le gardien du prisonnier.

Il se releva donc, s'avança en hésitant vers le colonel Munro, lui posa la main sur l'épaule, pour s'assurer qu'il était toujours là, et, du ton d'un homme à moitié endormi :

« Demain, dit-il, au lever du soleil... Boum ! »

Puis, il retourna vers le parapet, afin d'y reprendre un point d'appui. Dès qu'il l'eut touché, il se coucha sur le sol et ne tarda pas à s'assoupir complètement.

A la suite de cet inutile effort, une sorte de calme avait repris le colonel Munro. Le cours de ses pensées se modifia, sans qu'il songeât davantage au sort qui l'attendait. Par une association d'idées toute naturelle, il pensa à ses amis, à ses compagnons. Il se demanda si, eux aussi, n'étaient pas tombés entre les mains d'une autre bande de ces Dacoits qui fourmillent dans les Vindhyas, si on ne leur réservait pas un sort identique au sien, et cette pensée lui serra le cœur.

Mais, presque aussitôt, il se dit que cela ne pouvait être. En effet, si le nabab avait résolu leur mort, il les aurait réunis à lui dans le même supplice. Il eût voulut doubler ses angoisses de celles de ses amis. Non! ce n'était que sur lui, sur lui seul, — il essayait de l'espérer, — que Nana Sahib voulait assouvir sa haine!

Cependant, si déjà et par impossible, Banks, le capitaine Hod, Maucler, étaient libres, que faisaient-ils? Avaient-ils pris la route de Jubbulpore, sur laquelle le Géant d'Acier, que n'avaient pu détruire les Dacoits, pouvait les transporter rapidement? Là, les secours ne manqueraient pas! Mais à quoi bon? Comment auraient-ils su où était le colonel Munro? Nul ne connaissait cette forteresse de Ripore, ce repaire de Nana Sahib. Et, d'ailleurs, pourquoi le nom du nabab leur serait-il venu à la pensée? Nana Sahib n'était-il pas mort pour eux? N'avait-il pas succombé à l'attaque du pâl de Tandît?

Non! ils ne pouvaient rien pour le prisonnier!

Du côté de Goûmi, nul espoir non plus. Kâlagani avait eu tout intérêt à se défaire de ce dévoué serviteur, et puisque Goûmi n'était pas là, c'est qu'il avait précédé son maître dans la mort!

Compter sur une chance quelconque de salut, c'eût été inutile. Le colonel Munro n'était point homme à s'illusionner. Il voyait les choses dans leur vrai, et il revint à ses premières pensées, au souvenir des jours heureux qui emplissait son cœur.

Combien d'heures s'étaient écoulées, pendant qu'il rêvait ainsi, il lui eût été difficile de l'évaluer. La nuit était toujours obscure. Rien n'apparaissait encore à la cime des montagnes de l'est, qui annonçât les premières lueurs de l'aube.

Cependant, il devait être environ quatre heures du matin, lorsque l'attention du colonel Munro fut attirée par un phénomène assez singulier. Jusqu'à ce moment, pendant ce retour sur son existence passée, il avait plutôt regardé en dedans qu'en dehors de lui. Les objets extérieurs, peu distincts au milieu de ces profondes ténèbres, n'auraient pu le distraire ; mais alors, ses yeux devinrent plus fixes, et toutes les images, évoquées dans son souvenir, s'effacèrent soudain devant une sorte d'apparition, aussi inattendue qu'inexplicable.

En effet, le colonel Munro n'était plus seul sur le plateau de Ripore. Une lumière, encore indécise, venait de se montrer vers l'extrémité du sentier, à la poterne de la forteresse. Elle allait et venait, vacillante, trouble, menaçant de s'éteindre, reprenant son éclat, comme si elle eût été tenue par une main peu sûre.

Dans la situation où se trouvait le prisonnier, tout incident pouvait avoir son importance. Ses yeux ne quittèrent donc plus ce feu. Il observa qu'une sorte de vapeur fuligineuse s'en dégageait et qu'il était mobile. D'où cette conclusion qu'il ne devait pas être enfermé dans un fanal.

« Un de mes compagnons, se dit le colonel Munro... Goûmi peut-être ! Mais non !... Il ne serait pas là avec une lumière qui le trahirait... Qu'est-ce donc ? »

Le feu s'approchait lentement. Il glissa, d'abord, le long du mur de la vieille caserne, et sir Edward Munro put craindre qu'il ne fût aperçu de quelques-uns des Indous endormis au dedans.

Il n'en fut rien. Le feu passa sans être remarqué. Parfois, lorsque la main qui le portait s'agitait d'un mouvement fébrile, il se ravivait et brillait d'un plus vif éclat.

Bientôt le feu eut atteint le mur du parapet, et il

en suivit la crête, comme une flamme de Saint-Elme dans les nuits d'orage.

Alors le colonel Munro commença à distinguer une sorte de fantôme, sans forme appréciable, une « ombre », que cette lumière éclairait vaguement. L'être quelconque, qui s'avançait ainsi, devait être recouvert d'un long pagne, sous lequel se cachaient ses bras et sa tête.

Le prisonnier ne remuait pas. Il retenait son souffle. Il craignait d'effaroucher cette apparition, de voir s'éteindre la flamme dont la clarté la guidait dans l'ombre. Il était aussi immobile que la pesante pièce de métal qui semblait le tenir dans son énorme gueule.

Cependant, le fantôme continuait à glisser le long du parapet. Ne pouvait-il arriver qu'il heurtât le corps de l'Indou endormi? Non. L'Indou était étendu à gauche du canon, et l'apparition venait par la droite, s'arrêtant parfois, puis reprenant sa marche, à petits pas.

Enfin, elle fut bientôt assez rapprochée pour que le colonel Munro pût la distinguer plus nettement.

C'était un être de moyenne taille, dont un long pagne, en effet, recouvrait tout le corps. De ce pagne sortait une main, qui tenait une branche de résine enflammée.

« Quelque fou, qui a l'habitude de visiter le campement des Dacoits, se dit le colonel Munro, et auquel on ne prend plus garde! Au lieu d'un feu, que n'a-t-il un poignard à la main!... Peut-être pourrais-je?... »

Ce n'était point un fou, et, cependant, sir Edward Munro avait à peu près deviné.

C'était la folle de la vallée de la Nerbudda, l'inconsciente créature, qui, depuis quatre mois, errait à travers les Vindhyas, toujours respectée et hospitalièrement accueillie de ces Gounds superstitieux. Ni Nana Sahib, ni aucun de ses compagnons ne savaient quelle part la « Flamme Errante » avait prise à l'attaque du pâl de Tandît. Souvent ils l'avaient rencontrée dans cette partie montagneuse du Bundelkund, et ils ne s'étaient jamais inquiétés de sa présence.

Plusieurs fois déjà, dans ses courses incessantes, elle avait porté ses pas jusqu'à la forteresse de Ripore, et nul n'avait songé à l'en chasser. Ce n'était que le hasard de ses pérégrinations nocturnes qui venait de l'y amener cette nuit même.

Le colonel Munro ne savait rien de ce qui concernait la folle. De la Flamme Errante, il n'avait jamais entendu parler, et pourtant, cet être inconnu qui s'approchait, qui allait le toucher, lui parler peut-être, faisait battre son cœur avec une inexplicable violence.

Peu à peu, la folle s'était rapprochée du canon. Sa résine ne jetait plus que de faibles lueurs, et elle ne semblait pas voir le prisonnier, bien qu'elle fût en face de lui, et que ses yeux fussent presque visibles à travers ce pagne, percé de trous comme la cagoule d'un pénitent.

Sir Edward Munro ne bougeait pas. Ni par un mouvement de tête, ni par un mot, il n'essayait d'attirer l'attention de cette étrange créature.

D'ailleurs, elle revint presque aussitôt sur ses pas, de manière à faire le tour de l'énorme pièce, à la surface de laquelle sa résine dessinait de petites ombres flottantes.

Comprenait-elle, l'insensée, à quoi devait servir ce canon, allongé là comme un monstre, pourquoi cet homme était attaché à cette gueule, qui allait vomir le tonnerre et l'éclair au premier rayon du jour?

Non, sans doute. La Flamme Errante était là, comme elle était partout, inconsciemment. Elle errait, cette nuit, ainsi qu'elle l'avait déjà fait bien des fois, sur le plateau de Ripore. Puis, elle le quitterait, elle redescendrait le sentier sinueux, elle regagnerait la vallée, et reporterait ses pas là où la pousserait son imagination falotte.

Le colonel Munro, qui pouvait librement tourner

la tête, suivait tous ses mouvements. Il la vit passer derrière la pièce. De là, elle se dirigea de manière à rejoindre le mur du parapet, afin de le suivre, sans doute, jusqu'au point où il se reliait à la poterne.

En effet, la Flamme Errante marcha ainsi, mais, s'étant arrêtée soudain, à quelques pas de l'Indou endormi, elle se retourna. Quelque lien invisible l'empêchait-il donc d'aller plus avant? Quoi qu'il en soit, un inexplicable instinct la ramena vers le colonel Munro, et elle demeura encore immobile devant lui.

Cette fois, le cœur de sir Edward Munro battit avec une telle force, qu'il eût voulu y porter ses mains pour le contenir!

La Flamme Errante s'était approchée plus près. Elle avait élevé sa résine à la hauteur du visage du prisonnier, comme si elle eût voulu le mieux voir. A travers les trous de sa cagoule, ses yeux s'allumèrent d'une flamme ardente.

Le colonel Munro, involontairement fasciné par ce feu, la dévorait du regard.

Alors, la main gauche de la folle écarta peu à peu les plis de son pagne. Bientôt son visage se montra à découvert, et, à ce moment, de sa main droite, elle agita la résine, qui jeta une lueur plus intense.

Un cri! — un cri à demi étouffé, — s'échappa de la poitrine du prisonnier.

« Laurence! Laurence! »

Il se crut fou à son tour!... Ses yeux se fermèrent un instant.

C'était lady Munro! Oui! lady Munro elle-même, — qui se dressait devant lui!

« Laurence... toi... toi! » répéta-t-il.

Lady Munro ne répondit rien. Elle ne le reconnaissait pas. Elle ne semblait même pas l'entendre.

« Laurence! Folle! folle, oui!... mais vivante! »

Sir Edward Munro n'avait pu se tromper à une prétendue ressemblance. L'image de sa jeune femme était trop profondément gravée en lui. Non! même après neuf années d'une séparation qu'il devait croire éternelle, c'était lady Munro, changée sans doute, mais belle encore, c'était lady Munro, échappée par miracle aux bourreaux de Nana Sahib, qui était devant lui!

L'infortunée, après avoir tout fait pour défendre sa mère, égorgée sous ses yeux, était tombée. Frappée, mais non mortellement, et confondue avec tant d'autres, une des dernières elle fut précipitée dans le puits de Cawnpore, sur les victimes amoncelées qui le remplissaient déjà. La nuit venue, un suprême instinct de conservation la ramena à la margelle du puits, — l'instinct seul, car la raison, à la suite de ces effroyables scènes, l'avait déjà abandonnée. Après tout ce qu'elle avait souffert depuis le commencement du siège, dans la prison du Bibi-Ghar, sur le théâtre du massacre, après avoir vu égorger sa mère, sa tête s'était perdue. Elle était folle, folle, mais vivante! ainsi que venait de le reconnaître Munro. Folle, elle s'était traînée hors du puits, elle avait rôdé aux environs, elle avait pu quitter la ville, au moment où Nana Sahib et les siens l'abandonnaient, après la sanglante exécution. Folle, elle s'était sauvée dans les ténèbres, allant devant elle, à travers la campagne. Évitant les villes, fuyant les territoires habités, çà et là recueillie par de pauvres raïots, respectée comme un être privé de raison, la pauvre folle était allée ainsi jusqu'aux monts Sautpourra, jusqu'aux Vindhyas! Et, morte pour tous, depuis neuf ans, mais l'esprit toujours frappé par le souvenir des incendies du siège, elle errait sans cesse!

Oui! c'était bien elle!

Le colonel Munro l'appela encore.... Elle ne répondit pas. Que n'aurait-il pas donné pour pouvoir l'étreindre dans ses bras, l'enlever, l'emporter, recommencer près d'elle une nouvelle existence, lui rendre la raison à force de soins et d'amour!... Et il était lié à cette masse de métal, le sang coulait de ses bras par les entailles qu'y creusaient ces cordes, et rien ne pouvait l'arracher avec elle de ce lieu maudit!

Quel supplice, quelle torture, que n'avait même pu rêver la cruelle imagination de Nana Sahib! Ah! si ce monstre eût été là, s'il eût su que lady Munro était en son pouvoir, quelle horrible joie il en eût ressenti! Quel raffinement il aurait sans doute ajouté aux angoisses du prisonnier!

« Laurence! Laurence! » répétait sir Edward Munro.

Et il l'appelait à voix haute, au risque de réveiller l'Indou, endormi à quelques pas, au risque d'attirer les Dacoits, couchés dans la vieille caserne, et Nana Sahib lui-même!

Mais lady Munro, sans comprendre, continuait à le regarder de ses yeux hagards. Elle ne voyait rien des épouvantables souffrances que subissait cet infortuné, qui la retrouvait au moment où lui-même allait mourir! Sa tête se balançait, comme si elle n'eût pas voulu répondre!

Quelques minutes s'écoulèrent ainsi; puis, sa main s'abaissa, son voile retomba sur sa figure, et elle recula d'un pas.

Le colonel Munro crut qu'elle allait s'enfuir!

« Laurence ! » cria-t-il une dernière fois, comme s'il lui eût jeté un suprême adieu.

Mais non ! Lady Munro ne songeait pas à quitter le plateau de Ripore, et la situation, quelque épouvantable qu'elle fût déjà, allait encore s'aggraver.

En effet, lady Munro s'arrêta. Évidemment, ce canon avait attiré son attention. Peut-être s'éveillait-il en elle quelque souvenir obscurci du siège de Cawnpore ! Elle revint donc, à pas lents. Sa main, qui tenait la résine, promenait sa flamme sur le tube de métal, et il suffisait d'une étincelle, enflammant l'amorce, pour que le coup partît !

Munro allait-il donc mourir de cette main ?

Cette idée, il ne put la supporter ! Mieux valait périr sous les yeux de Nana Sahib et des siens !

Munro allait appeler, réveiller ses bourreaux !...

Soudain, il sentit de l'intérieur du canon une main presser ses mains, attachées derrière son dos. C'était la pression d'une main amie qui cherchait à dénouer ses liens. Bientôt, le froid d'une lame d'acier, se glissant avec précaution entre les cordes et ses poignets, l'avertit que, dans l'âme même de cette pièce énorme, se tenait, mais par quel miracle ! un libérateur.

Il ne pouvait s'y tromper ! On coupait les cordes qui l'attachaient !...

En une seconde, ce fut fait! Il put faire un pas en avant. Il était libre!

Si maître de lui qu'il fût, un cri allait le perdre!...

Une main s'allongea hors de la pièce... Munro la saisit, il la tira, et un homme, qui venait de se dégager par un dernier effort de l'orifice du canon, tombait à ses pieds.

C'était Goûmi!

Le fidèle serviteur, après s'être échappé, avait continué à remonter la route de Jubbulpore, au lieu de revenir au lac, vers lequel se dirigeait la troupe de Nassim. Arrivé au chemin de Ripore, il avait dû se cacher une seconde fois. Un groupe d'Indous était là, parlant du colonel Munro que les Dacoits, dirigés par Kâlagani, allaient amener à la forteresse, où Nana Sahib lui réservait la mort par le canon. Sans hésiter, Goûmi s'était glissé dans l'ombre jusqu'au sentier tournant, il avait atteint l'esplanade, en ce moment déserte. Et alors, l'idée héroïque lui était venue de s'introduire dans l'énorme engin, en véritable clown qu'il était, avec la pensée de délivrer son maître, si les circonstances s'y prêtaient, ou, s'il ne pouvait le sauver, de se confondre avec lui dans la même mort!

« Le jour va venir! dit Goûmi à voix basse. Fuyons!

— Et lady Munro ? »

Le colonel montrait la folle, debout, immobile. Sa main était, en ce moment, posée sur la culasse du canon.

« Dans nos bras... maître... » répondit Goûmi, sans demander d'autre explication.

Il était trop tard !

Au moment où le colonel et Goûmi s'approchaient d'elle pour la saisir, lady Munro, voulant leur échapper, se raccrocha de la main à la pièce, sa résine s'abattit sur l'amorce, et une effroyable détonation, répercutée par les échos des Vindhyas, remplit d'un roulement de tonnerre toute la vallée de la Nerbudda.

CHAPITRE XIII

GÉANT D'ACIER !

Au bruit de cette détonation, lady Munro était tombée évanouie dans les bras de son mari.

Sans perdre un instant, le colonel s'élança à travers l'esplanade, suivi de Goûmi. L'Indou, armé de son large couteau, eut en un instant raison du gardien ahuri que la détonation avait remis sur ses pieds. Puis, tous deux se jetèrent dans l'étroit sentier qui conduisait au chemin de Ripore.

Sir Edward Munro et Goûmi avaient à peine franchi la poterne que la troupe de Nana Sahib, brusquement réveillée, envahissait le plateau.

Il y eut là, parmi les Indous, un moment d'hésitation qui pouvait être favorable aux fugitifs.

En effet, Nana Sahib passait rarement la nuit entière dans la forteresse. La veille, après avoir fait attacher le colonel Munro à la bouche du canon, il était allé rejoindre quelques chefs de tribus du Goundwana, qu'il ne visitait jamais au grand jour. Mais c'était l'heure à laquelle il rentrait ordinairement, et il ne pouvait tarder à reparaître.

Kâlagani, Nassim, les Indous, les Dacoits, plus de cent hommes, étaient prêts à se lancer à la poursuite du prisonnier. Une pensée les retenait encore. Ce qui s'était passé, ils l'ignoraient absolument. Le cadavre de l'Indou, qui avait été préposé à la garde du colonel, ne pouvait rien leur apprendre.

Or, de toutes les probabilités, il devait résulter ceci pour eux : c'est que, par une circonstance fortuite, le feu avait été mis au canon, avant l'heure fixée pour le supplice, et que du prisonnier il ne restait plus maintenant que d'informes débris!

La fureur de Kâlagani et des autres se manifesta par un concert de malédictions. Ni Nana Sahib ni aucun d'eux n'auraient donc cette joie d'assister aux derniers moments du colonel Munro!

Mais le nabab n'était pas loin. Il avait dû entendre la détonation. Il allait revenir en toute hâte à la forteresse. Que lui répondrait-on, lorsqu'il demanderait compte du prisonnier qu'il y avait laissé?

De là, chez tous, une hésitation, qui avait donné aux fugitifs le temps de prendre quelque avance, avant d'avoir été aperçus.

Aussi, sir Edward Munro et Goûmi, pleins d'espoir, après cette miraculeuse délivrance, descendaient-ils rapidement le sinueux sentier. Lady Munro, bien qu'évanouie, ne pesait guère aux bras vigoureux du colonel. Son serviteur était là, d'ailleurs, pour lui venir en aide.

Cinq minutes après avoir passé la poterne, tous deux étaient à moitié chemin du plateau et de la vallée. Mais le jour commençait à se faire, et les premières blancheurs de l'aube pénétraient déjà jusqu'au fond de l'étroite gorge.

De violents cris éclatèrent alors au-dessus de leur tête

Penché au-dessus du parapet, Kâlagani venait d'apercevoir vaguement la silhouette des deux hommes qui fuyaient. L'un de ces hommes ne pouvait être que le prisonnier de Nana Sahib!

« Munro! C'est Munro! » cria Kâlagani, ivre de fureur.

Et, franchissant la poterne, il se jeta à sa poursuite, suivi de toute sa bande.

« Nous avons été aperçus! dit le colonel, sans ralentir son pas.

— J'arrêterai les premiers! répondit Goûmi. Ils me tueront, mais cela vous donnera peut-être le temps de gagner la route!

— Ils nous tueront tous les deux, ou nous leur échapperons ensemble! » s'écria Munro.

Le colonel et Goûmi avaient hâté leur marche. Arrivés sur la partie inférieure du sentier, déjà moins raide, ils pouvaient courir. Il ne s'en fallait plus que d'une quarantaine de pas qu'ils eussent atteint le chemin de Ripore, qui aboutissait à la grande route, et sur lequel la fuite leur deviendrait plus facile.

Mais, plus facile aussi serait la poursuite. Chercher un refuge, c'était inutile. Tous deux auraient été bientôt découverts. Donc, nécessité de distancer les Indous, et, en outre, de sortir avant eux du dernier défilé des Vindhyas.

La résolution du colonel Munro fut aussitôt prise. Il ne retomberait pas vivant aux mains de Nana Sahib. Celle qui venait de lui être rendue, il la frapperait du poignard de Goûmi, plutôt que de la livrer au nabab, et de ce poignard il se frapperait ensuite!

Tous deux avaient alors une avance de près de cinq minutes. Au moment où les premiers Indous franchissaient la poterne, le colonel Munro et Goûmi entrevoyaient déjà le chemin auquel se reliait le sentier, et la grande route n'était qu'à un quart de mille.

« Hardi, maître! disait Goûmi, prêt à faire au colonel un rempart de son corps. Avant cinq minutes, nous serons sur la route de Jubbulpore!

— Dieu fasse que nous y trouvions du secours! » murmura le colonel Munro.

Les clameurs des Indous devenaient de plus en plus distinctes.

Au moment où les fugitifs débouchaient sur le chemin, deux hommes, qui marchaient rapidement, arrivaient au bas du sentier.

Il faisait assez jour alors pour que l'on pût se reconnaître, et deux noms, comme deux cris de haine, se répondirent à la fois :

« Munro!

— Nana Sahib! »

Le nabab, au bruit de la détonation, était accouru et remontait en toute hâte à la forteresse. Il ne pouvait comprendre pourquoi ses ordres avaient été exécutés avant l'heure.

Un Indou l'accompagnait, mais, avant que cet Indou n'eût pu faire ni un pas ni même un geste, il tombait aux pieds de Goûmi, mortellement frappé de ce couteau qui avait coupé les liens du colonel.

« A moi! cria Nana Sahib, appelant toute la troupe qui descendait le sentier.

— Oui, à toi! » répondit Goûmi.

Et, plus prompt que l'éclair, il se jeta sur le nabab.

Son intention avait été, — du moins s'il ne parvenait pas à le tuer du premier coup, — de lutter du moins avec lui, de manière à donner au colonel Munro le temps de gagner la route; mais la main de fer du nabab avait arrêté la sienne, et son couteau venait de lui échapper.

Furieux de se sentir désarmé, Goûmi saisit alors son adversaire à la ceinture, et, le serrant sur sa poitrine, il l'emporta dans ses bras vigoureux, décidé à se précipiter avec lui dans le premier abîme qu'il rencontrerait.

Cependant, Kâlagani et ses compagnons, se rapprochant, allaient atteindre l'extrémité inférieure du sentier, et alors plus d'espérance de pouvoir leur échapper!

« Encore un effort! répéta Goûmi. Je tiendrai bon pendant quelques minutes, en me faisant un bouclier de leur nabab! Fuyez, maître, fuyez sans moi! »

Mais trois minutes à peine séparaient maintenant les fugitifs de ceux qui les poursuivaient, et le nabab appelait Kâlagani d'une voix étouffée.

Tout à coup, à vingt pas en avant, des cris retentirent.

« Munro! Munro! »

Banks était là, sur le chemin de Ripore, avec le capitaine Hod, Maucler, le sergent Mac Neil, Fox, Parazard, et, à cent pas d'eux, sur la grande route, le Géant d'Acier, lançant des tourbillons de fumée, les attendait avec Storr et Kâlouth !

Après la destruction de la dernière maison de Steam-House, l'ingénieur et ses compagnons n'avaient plus qu'un parti à prendre : utiliser comme véhicule l'éléphant que la bande des Dacoits n'avait pu détruire. Donc, juchés sur le Géant d'Acier, ils avaient aussitôt quitté le lac Puturia et remonté la route de Jubbulpore. Mais, au moment où ils passaient devant le chemin qui menait à la forteresse, une formidable détonation avait retenti au-dessus de leurs têtes, et ils s'étaient arrêtés.

Un pressentiment, un instinct, si l'on veut, les avait poussés à se lancer sur ce chemin. Qu'espéraient-ils ? Ils n'auraient pu le dire.

Toujours est-il que, quelques minutes après, le colonel était devant eux, qui leur criait :

« Sauvez lady Munro !

— Et tenez bon Nana Sahib, le vrai ! » s'écria Goûmi.

Il avait, dans un dernier effort de furie, jeté à terre le nabab, à demi suffoqué, dont se saisirent le capitaine Hod, Mac Neil et Fox.

Puis, sans demander aucune explication, Banks et les siens rejoignirent le Géant d'Acier sur la route.

Par ordre du colonel, qui voulait le livrer à la justice anglaise, Nana Sahib fut attaché sur le cou de l'éléphant. Quant à lady Munro, on la déposa dans la tourelle, et son mari prit place à ses côtés. Tout à sa femme, qui commençait à reprendre ses sens, il épiait en elle quelque lueur de raison.

L'ingénieur et ses compagnons s'étaient hissés rapidement sur le dos du Géant d'Acier.

« A toute vitesse ! » cria Banks.

Il faisait jour alors. Un premier groupe d'Indous apparaissait déjà à une centaine de pas en arrière. A tout prix il fallait atteindre, avant eux, le poste avancé du cantonnement militaire de Jubbulpore, qui commande le dernier défilé des Vindhyas.

Le Géant d'Acier avait abondamment eau, combustible, tout ce qui était nécessaire pour le maintenir en pression et lui donner son maximum de vitesse. Mais sur cette route, aux tournants brusques, il ne pouvait se lancer en aveugle.

Les cris des Indous redoublaient alors, et toute la troupe gagnait visiblement sur lui.

« Il faudra se défendre, dit le sergent Mac Neil.

— Nous nous défendrons ! » répondit le capitaine Hod.

Il restait encore une douzaine de coups à tirer. Donc, nécessité de ne pas perdre une seule balle, car les Indous étaient armés, et il importait de les tenir à distance.

Le capitaine Hod et Fox, leur carabine à la main, se postèrent sur la croupe de l'éléphant, un peu en arrière de la tourelle. Goûmi, en avant, le fusil à l'épaule, se tenait de manière à pouvoir tirer obliquement. Mac Neil, près de Nana Sahib, un revolver d'une main, un poignard de l'autre, était prêt à le frapper, si les Indous arrivaient jusqu'à lui. Kâlouth et Parazard, devant le foyer, le chargeaient de combustible. Banks et Storr dirigeaient la marche du Géant d'Acier.

La poursuite durait déjà depuis dix minutes. Deux cents pas, au plus, séparaient les Indous, Banks et les siens. Si ceux-là allaient plus vite, l'éléphant artificiel pouvait aller plus longtemps qu'eux. Toute la tactique consistait donc à les empêcher de gagner de l'avant.

En ce moment, une dizaine de coups de feu éclatèrent.

Les balles passèrent en sifflant au-dessus du Géant d'Acier, sauf une, qui le frappa à l'extrémité de sa trompe.

« Ne tirez pas ! Il ne faut tirer qu'à coup sûr ! cria

le capitaine Hod. Ménageons nos balles! Ils sont encore trop loin! »

Banks, voyant alors devant lui un mille de route qui se développait presque en ligne droite, ouvrit largement le régulateur, et le Géant d'Acier, accroissant sa vitesse, laissa la bande de plusieurs centaines de pas en arrière.

« Hurrah! hurrah pour notre Géant! s'écria le capitaine Hod, qui ne pouvait se contenir! Ah! les canailles! Ils ne l'auront pas! »

Mais, à l'extrémité de cette partie rectiligne de la route, une sorte de défilé montant et sinueux, dernier col du revers méridional des Vindhyas, allait nécessairement retarder la marche de Banks et de ses compagnons. Kâlagani et les autres, le sachant bien, n'abandonnèrent pas leur poursuite.

Le Géant d'Acier eut rapidement atteint cet étranglement du chemin, qui se glissait entre deux hauts talus rocheux.

Il fallut alors ralentir la vitesse et ne plus avancer qu'avec une extrême précaution. Par suite de ce retard, les Indous regagnèrent tout le terrain perdu. S'ils n'avaient plus l'espoir de sauver Nana Sahib, qui était à la merci d'un coup de poignard, du moins ils vengeraient sa mort.

Bientôt, de nouvelles détonations éclatèrent, mais

sans atteindre aucun de ceux qu'emportait le Géant d'Acier.

« Cela va devenir sérieux! dit le capitaine Hod, en épaulant sa carabine. Attention ! »

Goûmi et lui firent feu, simultanément. Deux des Indous les plus rapprochés, frappés en pleine poitrine, tombèrent sur le sol.

« Deux de moins! dit Goûmi, en rechargeant son arme.

— Deux pour cent! s'écria le capitaine Hod. Ce n'est pas assez! Il faut leur prendre plus cher que cela! »

Et les carabines du capitaine et de Goûmi, auxquelles se joignit le fusil de Fox, atteignirent mortellement trois autres Indous.

Mais, à s'avancer à travers ce sinueux défilé, on n'allait pas vite. En même temps qu'elle se rétrécissait, la route, on le sait, offrait une rampe très prononcée. Pourtant, encore un demi-mille, et la dernière rampe des Vindhyas serait franchie, et le Géant d'Acier déboucherait à cent pas d'un poste, presque en vue de la station de Jubbulpore!

Les Indous n'étaient pas gens à reculer devant le feu du capitaine Hod et de ses compagnons. Leur vie ne comptait plus quand il s'agissait de sauver ou de venger Nana Sahib! Dix, vingt d'entre eux tomberaient sous les balles, mais quatre-vingts seraient encore là pour se jeter sur le Géant d'Acier et avoir raison de la petite troupe, à laquelle il servait de citadelle roulante! Aussi redoublèrent-ils d'efforts afin de rejoindre ceux qu'ils poursuivaient.

Kâlagani n'ignorait pas, d'ailleurs, que le capitaine Hod et les siens devaient en être à leurs dernières cartouches, et que bientôt fusils et carabines ne seraient plus que des armes inutiles entre leurs mains.

En effet, les fugitifs avaient épuisé la moitié des munitions qui leur restaient, et ils allaient être dans l'impossibilité de se défendre.

Cependant, quatre coups de feu retentirent encore, et quatre Indous tombèrent.

Il ne restait plus au capitaine Hod et à Fox que deux coups à tirer.

A ce moment, Kâlagani, qui s'était ménagé jusquelà, se porta en avant plus que la prudence ne le voulait.

« Ah! toi! je te tiens! » s'écria le capitaine Hod, en le visant avec le plus grand calme.

La balle ne quitta la carabine du capitaine que pour aller frapper le traître au milieu du front. Ses mains s'agitèrent un instant, il tourna sur lui-même et tomba.

A cet instant, l'extrémité sud du défilé apparut. Le Géant d'Acier fit un suprême effort. Une dernière fois, la carabine de Fox se fit entendre. Un dernier Indou roula à terre.

Mais les Indous s'aperçurent presque aussitôt que le feu avait cessé, et ils se lancèrent à l'assaut de l'éléphant, dont ils n'étaient plus qu'à cinquante pas.

« A terre ! à terre ! » cria Banks.

Oui ! En l'état des choses, mieux valait abandonner le Géant d'Acier, et courir vers le poste qui n'était plus éloigné.

Le colonel Munro, emportant sa femme dans ses bras, prit pied sur la route.

Le capitaine Hod, Maucler, le sergent et les autres avaient immédiatement sauté à terre.

Seul, Banks était resté dans la tourelle.

« Et ce gueux ! » s'écria le capitaine Hod, en montrant Nana Sahib, attaché au cou de l'éléphant.

— Laisse-moi faire, mon capitaine ! » répondit Banks d'un ton singulier.

Puis, donnant un dernier tour au régulateur, il descendit à son tour.

Tous s'enfuirent alors, le poignard à la main, prêts à vendre chèrement leur vie.

Cependant, sous la poussée de la vapeur, le Géant

d'Acier, bien qu'abandonné à lui-même, continuait à remonter la rampe; mais, n'étant plus dirigé, il vint buter contre le talus gauche du chemin, comme un bélier qui veut faire tête, et, s'arrêtant brusquement, il barra presque entièrement la route.

Banks et les siens en étaient déjà à une trentaine de pas, lorsque les Indous se jetèrent en masse sur le Géant d'Acier, afin de délivrer Nana Sahib.

Soudain, un fracas épouvantable, égal aux plus violents coups de tonnerre, secoua les couches d'air avec une indescriptible violence.

Banks, avant de quitter la tourelle, avait lourdement chargé les soupapes de l'appareil. La vapeur atteignit donc une tension extrême, et, lorsque le Géant d'Acier buta contre la paroi de roc, cette vapeur, ne trouvant plus d'issue par les cylindres, fit éclater la chaudière, dont les débris se dispersèrent en toutes directions.

« Pauvre Géant! s'écria le capitaine Hod, mort pour nous sauver! »

CHAPITRE XIV

LE CINQUANTIÈME TIGRE DU CAPITAINE HOD

Le colonel Munro, ses amis, ses compagnons, n'avaient plus rien à craindre, ni du nabab, ni des Indous, qui s'étaient attachés à sa fortune, ni de ces Dacoits, dont il avait formé une redoutable bande dans cette partie du Bundelkund.

Au bruit de l'explosion, les soldats du poste de Jubbulpore étaient sortis en nombre imposant. Ce qui restait des compagnons de Nana Sahib, se trouvant sans chef, avait aussitôt pris la fuite.

Le colonel Munro se fit reconnaître. Une demi-heure après, tous arrivaient à la station, où ils trouvèrent abondamment ce qui leur manquait, et particulièrement les vivres, dont ils avaient le plus pressant besoin.

Lady Munro fut logée dans un confortable hôtel, en attendant le moment de la conduire à Bombay.

17.

Là, sir Edward Munro espérait rendre la vie de l'âme à celle qui ne vivait plus que de la vie du corps, et qui serait toujours morte pour lui, tant qu'elle n'aurait pas recouvré la raison!

A vrai dire, aucun de ses amis ne se résignait à désespérer de la prochaine guérison de lady Munro. Tous attendaient avec confiance un événement qui seul pouvait profondément modifier l'existence du colonel.

Il fut convenu que, dès le lendemain, on partirait pour Bombay. Le premier train ramènerait tous les hôtes de Steam-House vers la capitale de l'Inde occidentale. Cette fois, ce serait la vulgaire locomotive qui les emporterait à toute vitesse, et non plus l'infatigable Géant d'Acier, dont il ne restait maintenant que des débris informes.

Mais ni le capitaine Hod, son fanatique admirateur, ni Banks, son créateur ingénieux, ni aucun des membres de l'expédition, ne devaient jamais oublier ce «fidèle animal», auquel ils avaient fini par accorder une vie réelle. Longtemps le bruit de l'explosion qui l'avait anéanti retentirait dans leur souvenir.

Aussi ne s'étonnera-t-on pas qu'avant de quitter Jubbulpore, Banks, le capitaine Hod, Maucler, Fox, Goûmi, eussent voulu retourner sur le théâtre de la catastrophe.

Il n'y avait évidemment plus rien à craindre de la bande des Dacoits. Toutefois, par surcroît de précaution, lorsque l'ingénieur et ses compagnons arrivèrent au poste des Vindhyas, un détachement de soldats se joignit à eux, et vers onze heures, ils atteignaient l'entrée du défilé.

Tout d'abord, ils trouvèrent, épars sur le sol, cinq ou six cadavres mutilés. C'étaient ceux des assaillants, qui s'étaient jetés sur le Géant d'Acier, afin de dégager Nana Sahib.

Mais c'était tout. Du reste de la bande, il n'y avait plus trace. Au lieu de retourner à leur repaire de Ripore, maintenant connu, les derniers fidèles de Nana Sahib avaient dû se disperser dans la vallée de la Nerbudda.

Quant au Géant d'Acier, il était entièrement détruit par l'explosion de la chaudière. L'une de ses larges pattes avait été rejetée à une grande distance. Une partie de sa trompe, lancée contre le talus, s'y était enfoncée et ressortait comme un bras gigantesque. Partout des tôles gondolées, des écrous, des boulons, des grilles, des débris de cylindre, des articulations de bielles. Au moment de l'explosion, lorsque les soupapes chargées ne pouvaient plus lui offrir d'issue, la tension de la vapeur avait du être effroyable et dépasser peut-être vingt atmosphères.

Et maintenant, de l'éléphant artificiel dont les hôtes de Steam-House se montraient si fiers, de ce colosse qui provoquait la superstitieuse admiration des Indous, du chef-d'œuvre mécanique de l'ingénieur Banks, de ce rêve réalisé du fantaisiste rajah de Bouthan, il ne restait plus rien qu'une carcasse méconnaissable et sans valeur!

« Pauvre bête! ne put s'empêcher de s'écrier le capitaine Hod, devant le cadavre de son cher Géant d'Acier.

— On pourra en fabriquer un autre... un autre, qui sera plus puissant encore! dit Banks.

— Sans doute, répondit le capitaine, en laissant échapper un gros soupir, mais ce ne sera plus lui! »

Pendant qu'ils se livraient à ces investigations, l'ingénieur et ses compagnons eurent la pensée de rechercher s'ils ne trouveraient pas quelques restes de Nana Sahib. A défaut de la figure du nabab, facile à reconnaître, celle de ses mains à laquelle il manquait un doigt leur eût suffi pour constater l'identité. Ils auraient bien voulu avoir cette preuve incontestable de la mort de celui qu'on ne pouvait plus confondre avec Balao Rao, son frère.

Mais aucun des débris sanglants, qui jonchaient le sol, ne semblait avoir appartenu à celui qui fut Nana Sahib. Ses fanatiques avaient-ils emporté jusqu'au dernier vestige de ses reliques? Cela était plus que probable.

Il devait néanmoins en résulter ceci : c'est que, puisqu'il n'y avait aucune preuve certaine de la mort de Nana Sahib, la légende allait reprendre ses droits; c'est que, dans l'esprit des populations de l'Inde centrale, l'insaisissable nabab passerait toujours pour vivant, en attendant que l'on fît un dieu immortel de l'ancien chef des Cipayes.

Mais, pour Banks et les siens, il n'était pas admissible que Nana Sahib eût pu survivre à l'explosion.

Ils revinrent à la station, non sans que le capitaine Hod eût ramassé un morceau d'une des défenses du Géant d'Acier, — précieux débris, dont il voulait faire un souvenir.

Le lendemain, 4 octobre, tous quittaient Jubbulpore dans un wagon mis à la disposition du colonel Munro et de son personnel. Vingt-quatre heures plus tard, ils franchissaient les Ghâtes occidentales, ces Andes indoues, qui se développent sur une longueur de trois cent soixante lieues, au milieu d'épaisses forêts de banians, de sycomores, de teks, entremêlés de palmiers, de cocotiers, d'areks, de poivriers, de sandals, de bambous. Quelques heures après, le railway les déposait à l'île de Bombay, qui, avec les îles Salcette, Éléphanta et autres, forme une magnifique rade et porte à son extrémité sud-est la capitale de la Présidence.

Le colonel Munro ne devait pas rester dans cette grande ville, où se coudoient des Arabes, des Persans, des Banyans, des Abyssiniens, des Parsis ou Guèbres, des Scindes, des Européens de toutes nationalités, et même, — paraît-il, — des Indous.

Les médecins, consultés sur l'état de lady Munro, recommandèrent de la conduire dans une villa des environs, où le calme, joint à leurs soins de tous les jours, au dévouement incessant de son mari, ne pouvait manquer de produire un salutaire effet.

Un mois se passa. Pas un des compagnons du colonel, pas un de ses serviteurs n'avait songé à le quitter. Le jour, qui n'était pas éloigné, où l'on pourrait entrevoir la guérison de la jeune femme, ils voulaient tous être là.

Ils eurent enfin cette joie. Peu à peu lady Munro revint à la raison. Ce charmant esprit se reprit à penser. De ce qu'avait été la Flamme Errante, il ne resta plus rien, pas même le souvenir.

« Laurence! Laurence! » s'était écrié le colonel, et lady Munro, le reconnaissant enfin, était tombée dans ses bras.

Une semaine plus tard, les hôtes de Steam-House étaient réunis dans le bungalow de Calcutta. Là allait recommencer une existence bien différente de celle qui avait empli jusqu'alors la riche habitation. Banks y devait passer les loisirs que ses travaux lui laisseraient, le capitaine Hod les congés dont il pourrait disposer. Quant à Mac Neil et Goûmi, ils étaient de la maison et ne devaient jamais se séparer du colonel Munro.

A cette époque, Maucler fut obligé de quitter Calcutta pour revenir en Europe. Il le fit en même temps que le capitaine Hod, dont le congé était expiré et que le dévoué Fox allait suivre aux cantonnements militaires de Madras.

« Adieu ! capitaine, lui dit le colonel Munro. Je suis heureux de penser que vous n'avez rien à regretter de votre voyage à travers l'Inde septentrionale, si ce n'est peut-être de n'avoir pas tué votre cinquantième tigre.

— Mais il est tué, mon colonel.

— Comment ! Il est tué ?

— Sans doute, répondit le capitaine Hod avec un geste superbe. Quarante-neuf tigres et... Kâlagani... cela ne fait-il pas mes cinquante ? »

FIN DE LA DEUXIÈME ET DERNIÈRE PARTIE

TABLE DES MATIÈRES

Chap. Ier.	Notre sanitarium.	1
— II.	Mathias Van Guitt	17
— III.	Le kraal.	41
— IV.	Une reine du Tarryani.	64
— V.	Attaque nocturne.	98
— VI.	Le dernier adieu de Mathias Van Guitt	125
— VII.	Le passage de la Betwa	146
— VIII.	Hod contre Banks.	176
— IX.	Cent contre un.	193
— X.	Le lac Puturia.	218
— XI.	Face à face	242
— XII.	A la bouche d'un canon.	264
— XIII.	Géant d'Acier.	283
— XIV.	Le cinquantième tigre du capitaine Hod.	297

FIN DE LA TABLE

Paris. — Imp. Gauthier-Villars, 55, quai des Grands-Augustins.

www.ingramcontent.com/pod-product-compliance
Lightning Source LLC
Chambersburg PA
CBHW071526160426
43196CB00010B/1671